AF238501

Werner Ablass

SUCHE NICHT – SEI!

Werner Ablass

SUCHE NICHT – SEI!

Über nonduales Bewußtsein im Alltag

Omega

Bibliografische Information der Deutschen Bibliothek

Die Deutsche Bibliothek verzeichnet diese Publikation in
der Deutschen Nationalbibliografie;
detaillierte bibliografische Daten sind im Internet über
http://dnb.ddb.de abrufbar.

1. Auflage   August 2012
Copyright© 2012 by Omega-Verlag

Lektorat: Gisela Maria Bongart
Satz und Gestaltung: Martin Meier
Cover: agentur IDee
Covermotiv: shutterstock

Dieses Buch wurde nach den Regeln
der alten Rechtschreibung lektoriert.

Druck: ≋FINIDR s.r.o., Český Těšín, Tschechische Republik

Omega®-Verlag, Gisela Bongart und Martin Meier (GbR)

D-52080 Aachen • Karlstr. 32
Tel: 0241-168 163 0 • Fax: 0241-168 163 3
e-mail: info@omega-verlag.de
www.omega-verlag.de

ISBN 978-3-930243-64-8

Schüler: Ich habe nichts.

Lehrer: Dann wirf es weg!

Ich war voll mit spirituellen Konzepten, Wissen, Anleitungen, Techniken, Methoden, Praktiken, und Ramesh Balsekar* spielte Müllmann. Packte mich am Schlafittchen, stellte mich auf den Kopf, der Deckel klappte auf, und das ganze Zeug fiel aus mir raus. Und genauso fühlte ich mich danach: einfach nur leer! Nicht „mehr" hatte ich von ihm erhalten, nicht einmal „nichts".

Ich lief durch die Straßen von Mumbai und hörte das andauernde Hupen wie aus weiter Ferne. Die Menschenmassen, das Gewusel, der Verkehr, die Verkaufsstände, die Geschäfte – all das erschien mir wie in dem Film *Matrix*, irgendwie irreal und roboterhaft. Auch ich selbst, meine Person, sie war da und gleichzeitig unwirklich, schemenhaft, schattenhaft, illusionär. Was ich tief in mir empfand – wenn man das so sagen will, weil genau der, der etwas empfand, fehlte –, war Leere. Keine jedoch, die mir Angst machte. Keine, die mir als Abgrund erschien oder gar als Hölle.

---

* Ramesh Balsekar (25.Mai 1917 - 27 Sept. 2009 †) war ein Advaita-Meister aus Mumbai.

Diese Leere war friedlich. Ich dachte, ein Toter müßte, wenn er denn seinen Tod wahrnehmen könnte, genauso empfinden. Ja, denn „ich" war gestorben, war mausetot. Der, welcher bis dahin meinte, er denke, er entscheide, er handle, war raus aus meinem System. Entfernt. Über Nacht sozusagen. Im Expressverfahren. Der Müllmann kam in der Nachtschicht.

So leer fuhr ich dann über Land nach Goa runter. Suchte mir nahe am Strand ein Zimmer, es waren kaum Leute da, weil Regenzeit war. In der ersten Nacht schlief ich in einem Raum, bei dem das Dach undicht war, der Tropenregen kam durch, und morgens wachte ich in einer Lache auf. Ich nahm es wahr, ein irgendwie vergnügtes Lachen stieg in mir auf, dann packte ich meine Sachen und suchte mir ein anderes Zimmer. Verwundert sah ich mir dabei zu, wie ich praktisch empfindungslos einfach das Notwendige tat. Was immer ich an Aufregendem erlebte, geschah einfach, ich war nicht mehr vorhanden.

Leer kam ich nach Deutschland zurück, wobei ich nicht einmal sagen kann, daß „ich" zurückkam. Mein Lebensfilm spulte sich weiterhin Szene für Szene ab, und die Szenen aus Indien waren schlicht zu Ende gegangen. Seitdem haben viele Szenenwechsel stattgefunden, ich wohne nicht einmal mehr am selben Ort, viele Menschen von damals sind einfach verschwunden, andere, vorher nicht gekannte, sind da. Nur eins ist geblieben: die wundervoll friedliche Leere.

Ich lehre weder Meditation noch Kontemplation. Zwar kenne ich Bewußtseinszustände, in denen die Welt, die Materie, die Körperlichkeit verschwinden, strebe sie aber nicht mehr an. Denn: Was wir Welt, was wir Materie, was wir Menschsein nennen, ist nichts anderes als ein **Bewußtseinszustand!**

Ist dir das bewußt? Es gibt keine Materie in der Form, wie wir sie gewöhnlicherweise wahrnehmen und definieren. **Es gibt nur Bewußtsein,** und in diesem Bewußtsein, das du in Wahrheit bist, gibt es einen Zustand, in dem Welt, Körper, Formen und Menschsein erscheinen.

Ist das nicht phänomenal? Und zwar im wahrsten Sinne des Wortes! Anstatt diesen „außerordentlichen" Bewußtseinszustand zu würdigen, zu bestaunen, zu genießen, zu erforschen, wenden sich spirituell Suchende von ihm ab und versenken sich in das, was wir ohnehin sind: Leere, Nicht-Form, Unbedingtheit, Nicht-Körperlichkeit, Gott, Quelle.

Ist mir nicht (mehr) bewußt, wer ich bin, macht es freilich Sinn, mich an mich selbst zu erinnern: **Herrjemine, ich bin ja nicht das, was erscheint, sondern das, worin es erscheint!** Ist das aber realisiert, macht es keinen Sinn mehr, weil ich ansonsten den *außerordentlichen Bewußtseinszustand* verpasse, in dem Welt und Menschsein erscheinen!

Ist der Bewußtseinszustand, den wir „mein Leben" nennen, vorüber, bin ich zwar nichts weniger als unbedingte Liebe und Frieden, kann aber keinen Kaffee mehr trinken, kein gut abgehangenes Filetsteak mehr essen, mich nicht mehr an menschgewordenen Zille-Figuren erfreuen, die stumpfsinnig an einer Bar sitzen, Bier trinken und Unsinn reden. Es gibt keinen Sonnenaufgang mehr für mich, kein Abendrot, keine Amseln, deren Gesang mich heutzutage tiefer berührt als ein Klavierkonzert oder ein Popsong, ich kann nicht mehr hinter meinem Haus den Wald durchjoggen, es gibt ihn nicht mehr, den plätschernden Bach, den Weinberg, die süßen Trauben, den Wein, das Schloß auf dem Berg, das ich von meiner Terrasse aus sehen kann, die Sonne hat aufgehört zu scheinen, und ich erlebe ebenso wenig Regen, Morgentau, Winterlandschaften, auch das Meer ist nicht mehr. Es gibt keine Filme, keine Bücher, keine Geschichten. Ich kann nicht mehr duschen, keinen Aufguß mehr in der Sauna genießen, nicht einmal vor den Spiegel stellen und kämmen kann ich mich. Alles perdu, denn all das und viel mehr erfahre ich EINZIG in dem Bewußtseinszustand, aus dem die Spirituellen ausbrechen, um Samadhi oder Satori zu erfahren.

Es ist zwar keine Sünde ☺, und um mich an mich als den Ursprung des Bewußtseinszustands zu erinnern, in dem ich mich augenblicklich befinde, sind solche Bewußtseinszustände nützlich – es wäre jedoch fatal, wenn ich ihretwegen den Bewußtseinszustand **verpassen** oder gar **verachten** würde, in dem phänomenale Körper und Welten erscheinen.

Ein Synonym für nonduales Bewußtsein ist: Akzeptanz dessen, was ist. Das ist jedoch nicht mit Fatalismus zu verwechseln. Der Impuls zur Veränderung oder ein Ziel und auch der Ehrgeiz, es zu erreichen, werden ebenso akzeptiert wie eine Situation, die nicht veränderbar erscheint. Der Impuls zur Veränderung nährt sich jedoch nicht mehr aus der Nichtakzeptanz einer wie auch immer gearteten Situation, sondern entspringt der realistischen Einschätzung zu deren Optimierung, um mein oder das Leben anderer angenehmer zu gestalten. Ohne diesen Impuls wären das Auto, das Telefon, das Flugzeug, der PC oder das iPhone niemals erfunden worden. Und wenn ein Software-Ingenieur nicht den Wunsch zur Optimierung in sich trägt, wird er ebenfalls keinen Erfolg haben.

Deine Sünden werden dir nicht vergeben. Gar nicht nötig, weil du niemals gesündigt hast. Du wirst auch nicht wegen deiner guten Taten gewürdigt. Denn du hast niemals auch nur eine einzige gute Tat vollbracht.

★ ★ ★

Ich kann unmöglich mit allen Menschen eins sein, selbst mit einer Mücke bin ich nicht eins, wenn sie mich sticht. Manche Menschen sind mir sympathisch, andere unsympathisch, aber selbst mit den mir wirklich sympathischen Menschen bin ich nicht eins.

Einheit, wie sie in spirituellen Kreisen zumeist verstanden wird, ist ein gefährlicher Klebstoff, der insbesondere dann, wenn er gelöst werden soll, zu Verletzungen führt.

In allem, was ist und geschieht, ist das Eine (essentiell) alles. Weil nur eine einzige Quelle existiert. Das ist klar. Der Begriff *Einheit* jedoch löst eine Assoziation aus, die oft, wenn nicht gar meistens, zu falschen Schlußfolgerungen führt. Ich sehe in jedem Menschen die eine Quelle, was sollten wir sonst sein, aber eins mit dir bin ich nicht. Ich versuche es noch nicht einmal, denn auf der relativen Ebene sind wir auf vielen Feldern unterschiedlicher Auffassung, und wir *müssen es sein*, wenn unser in uns angelegtes Potential nicht vergammeln soll.

Wenn ich ein Kind ins Erwachsenenleben begleiten will, muß ich ihm auch beibringen, zwischen Gut und Böse zu unterscheiden. Und wenn es sich schlecht benimmt, kann ich es weiß Gott nicht loben. Würde ich es tun, weil ich dem unsäglich törichten Glauben anhänge, es gäbe weder gutes noch schlechtes Verhalten, muß ich mich nicht wundern, wenn in meinen vier Wänden ein kleines Monster heranwächst.

Nur eins ist in nondualem Bewußtsein unmöglich: in dem „schlechten" Verhalten des Kindes einen individuellen Täter wahrzunehmen, der sich in eigener Regie zu schlechtem oder guten Verhalten entscheidet. Daher werden manchmal notwendige Maßregelungen nicht mit den allseits gebräuchlichen Schuldzuweisungen einhergehen. „Wie konntest du das nur tun? Ach, was bist du nur für ein schlechtes Kind!" Ich kann dem Kind unmöglich Schuld zuweisen, es muß jedoch sehr wohl spüren, wie betroffen ich bin. Und sein ungebührliches Verhalten würdigen kann ich freilich auch nicht.

Hinzu kommt: Es gibt keinen „Nachhall" des Vorfalls. Ich werfe ihm also nicht immer und immer wieder vor, wie schlecht es sich „vormals" verhielt. Es war eine Handlung, die eine Maßregelung erforderte, da jedoch kein „Täter" bemerkt wird, ist die „Sache" damit erledigt.

Ich kann auch mir selbst keine Vorwürfe machen. „Ach, was bin ich für eine schlechte Mutter, ein schlechter Vater, ich habe mein Kind falsch erzogen." Übrigens: Solche Selbstvorwürfe werden unbewußt auf das Kind projiziert, so daß es sich ebenfalls selbstzerstörerische Vorwürfe macht.

Ich kann ein Verhalten sehr wohl kritisieren. Auch scharf, wenn ich es für notwendig halte

– sowohl privat als auch beruflich. Was einzig und allein nicht mehr geschehen kann, ist ein „persönlicher" Angriff, ein Vorwurf aufgrund einer kritikwürdigen Handlung, denn es wird keine individuelle Person wahrgenommen.

Ich kann auch Betroffenheit äußern, und es wäre fatal, könnte ich es nicht. Zur Schuldzuweisung jedoch bin ich nunmehr unfähig. Denn was immer jemand tut, tut niemand, es ist einzig nur das, was geschehen soll und geschehen muß.

Selbst dann, wenn es gerade einmal ein Tal zu durchschreiten gilt, bin ich von der Gewißheit durchdrungen, mein eigener Ursprung und damit die Quelle all dessen zu sein, was ich jeweils gerade erfahre. Gerade das Wundern und Staunen über all das, was ich erfahre, ob es Freude ist oder Schmerz, Mangel oder Überfluß, erkenne ich als Wundern und Staunen der Quelle über ihre eigenen Kapriolen, über die niemand erstaunter sein könnte als sie selbst.

Der Begriff Gott ist synonym mit dem Begriff Ursprung oder Quelle. Was aber tut eine Quelle? Außer überfließen. Ist Überfließen ein Tun? Gott „tut" überfließen! Klingt das nicht fürchterlich?

Du kannst Gott nicht personalisieren. Du kannst ihn nicht zu einem Denker, einem Entscheider, einem Handelnden machen. Tust du es dennoch, wirst du ihn schließlich hassen.

Warum tust du mir das nur an? Warum willst du das nur?

Gott wird zu einem Ungeheuer, wenn wir ihn personalisieren. Eine Quelle fließt einfach über. So ist Gott. Er fließt über. In Liebe. Weil er Liebe ist. Liebe fließt immer über. Wenn Liebe nicht überfließt, ist womöglich Zuneigung da, aber nicht Liebe. Im Überfließen wird Unsichtbarkeit (oder Gott) manifest. Wird Gott jedoch manifest, ist er nicht mehr un-bedingt. Sondern be-dingt. Dinge sind da, und Dinge brauchen Kontraste, um erscheinen zu können.

Gott ist ohne Ding. Eben Un-Ding. Be-dingt er sich daher, ist er nicht mehr, was er eigentlich, dem Grunde nach ist.

Da Gott Un-Ding ist, das sich lediglich be-
dingt und be-dingen muß, um erscheinen zu
können, kann Welt nichts anderes sein als das,
was die Quelle ist: (ein) Un-Ding. Schau dir die
Welt an, und du wirst, ohne meine Ausführun-
gen zu kennen, mit dem Kopf nicken müssen.
Sie ist voller Liebe, Schönheit und Weisheit,
kein Zweifel, und dennoch ein absolutes Un-
Ding. Welt ist voll der mannigfaltigsten und
faszinierendsten Dinge, die jedoch genau besehen ein Un-Ding sind. Wie anders? Wenn die
Quelle all dessen was ist, Un-Ding ist?

Vorlieben und Abneigungen sind bei „mir"
nicht etwa verschwunden. Lediglich die aber-
witzige Vorstellung, daß etwas, das auftaucht,
real ist und nicht lediglich im Bewußtsein erscheint.

Solange du denkst, daß du denkst, wirst du immer wieder in Unfrieden leben. Ohne Ausnah-
me. Einige mehr, andere weniger. Denn du

wirst bei Gedanken und den ihnen folgenden Entscheidungen, die dir nachteilig erscheinen, dich, andere, Gott oder das Schicksal anklagen! Du wirst einen Täter sehen und sehen *müssen*, der für das, was du erlebst, verantwortlich ist.

Denke „ich" wirklich, oder entstehen Gedanken? Entscheide „ich" wirklich, oder sind Entscheidungen Reaktionen auf äußere Umstände oder innere Impulse, über die „ich" keine Kontrolle habe? Bin „ich" wirklich der Handelnde, oder sind Taten schlicht Folgen jener Gedanken und Entscheidungen, die ohne „mich" getroffen werden? Wenn dir durch Überprüfung klar wird, daß „du" als Denker, Entscheider, Täter wirklich nicht existierst, hat dich die absolute Wahrheit erfaßt.

Angenommen, neben dir würde ein Nachbar wohnen, dem du täglich begegnest. Morgens und abends. Du grüßt ihn freundlich, wann immer du ihm begegnest. Doch er erwidert niemals deinen Gruß. Wahrscheinlich ereignet sich in dir dann folgender Gedanke: „Dieser Mensch ist ein unhöflicher, ichbezogener, arroganter Stoffel!" Und natürlich würdest du diesem Gedanken Glauben schenken.

Eines Tages würde sich jedoch herausstellen, daß dein Nachbar taubstumm ist. Es war ihm schlicht unmöglich, deinen Gruß zu erwidern, denn er hat nicht mal bemerkt, daß du ihn grüßtest. Nun, was meinst du, welche Gedanken sich dann in dir ereignen würden? Vielleicht: „Ach, so ein armer Mensch, er kann ja nicht sprechen, ich tat ihm unrecht, wenn auch nur in Gedanken."

Gedanken sind niemals verläßlich. Und solange du dich auf sie verläßt, wirst du von ihnen abhängig sein. Oftmals führt das zu unangemessenen Reaktionen, die dir jedoch als rechtens erscheinen. Schuld sind meistens die anderen. Und deine Gedanken liefern dir natürlich genügend Material zum Beweis deiner Bewertung.

★ ★ ★

Manche Leute wollen mich partout davon überzeugen, daß sie es für legitim halten, glücklich zu sein. Als hätte ich etwas dagegen! Ich sage nur: „Mir ist's egal! Ich brauche kein Glücksgefühl mehr." Glücksgefühle sind okay, aber es gibt etwas weitaus Besseres, und dies hat den Vorteil, daß es nicht mal da ist und dann wieder weg. Wenn das, worauf ich hier verweise, realisiert ist, ist klar, daß es niemals abwesend war, daß es lediglich überlagert wurde. Und zwar von dem Bestreben, möglichst andauernd Glücksgefühle haben zu wollen, zu müssen. Das Streben nach Glück blockiert die Wahrnehmung dessen, was ist.

Stabiles nonduales Bewußtsein ist kein Gefühl. Es ist sozusagen der Hintergrund jeden Vordergrundes. Es ist die Basis des Lebens. Vollständig leer und gerade deshalb beständig.

Etwas, das voll ist, kann anschließend leer sein, und dann scheint etwas zu fehlen. Etwas, das leer ist, kann nicht leerer sein als es bereits ist.

Leerheit – in diesem Kontext ein wunderbarer Begriff! Angewiesen sein auf Glücksgefühle, das ist Sklaverei. Denn sobald sie weg sind, bist du wie ein Alkoholiker ohne Stoff. Und dann brauchst du ein Erlebnis oder zumindest einen mentalen Trick, um wieder in Stimmung zu kommen.

Einfach sein können, ohne was, das ist Freiheit. Da ist keine Abhängigkeit mehr. Schön, wenn etwas da ist, das ich mag, das mir sympathisch ist, das mir Spaß macht. Ist es nicht da, muß ich's nicht haben, damit ich mich wohlfühlen kann.

Passiv sein, aktiv sein – es ergibt sich von selbst. Es muß nicht drüber nachgedacht werden. Wie's ist, ist's in Ordnung.

Glückselig sein wollen jene, die sich lachend und liebend im Kreis an den schweißnassen Händen halten und sich dabei den Tantra-Traumpartner bestellen. Wieso nur bleibt am Ende meist nur der Schweiß?

Jeder Mensch sucht letztlich seine Quelle, weil er sich von ihr getrennt fühlt. Das Empfinden der Getrenntheit ist ja der Motivator jeder, egal welcher Suche. Das Ende der Suche jedoch ereignet sich, wenn sich dir die absolute Wahrheit erschließt. Wenn klar und deutlich erkannt wird, daß es nicht einmal den gibt, der sucht. Und freilich auch niemanden, der findet.

Der Sucher und Finder, der Streber und Tuer, der Schaffer und Wühler, der Macher und Veränderer, der fällt ab wie ein welk gewordenes Baumblatt. Was ihm Energie verleiht ist einzig die Illusion seiner Existenz.

Das Ergebnis ist dieser satte, dicke, fette Friede, von dem die Desillusionierten berichten. Das bedeutet nicht, daß man nur noch rumsitzt, glückselig lächelt und nahezu unfähig zu irgendeinem Engagement ist. Eine Zeitlang mag das der Fall sein. Bei mir war es fast ein Jahr der Fall. Jedoch nicht aufgrund spiritueller Transformation. Nein, die mit Energie aufgeladene Vorstellung eines individuellen Handelnden fiel lediglich ab. Die Vorstellung auch, ich müsse zu meiner Quelle zurückkehren, mich mit meiner Quelle vereinen, die Trennung überwinden. Und als sie abfiel, war klar, daß mein Menschsein lediglich *Gott in seiner*

Verkörperung ist. Ich war nie etwas anderes gewesen und würde nie etwas anderes sein als *Gott-in-Form* oder *in-Form-gebrachter-Gott*.

Die meisten Menschen wollen Methoden, weil sie sich einfach nicht vorstellen können, daß das Leben weitaus optimaler für uns zu sorgen vermag, wenn wir es aufgeben, es mit Methoden und Techniken manipulieren zu wollen.

Wenn dir erzählt wird, du könnest deine Realität – also das, was man auch Schicksal nennt – selbst gestalten, in eigener Regie, mittels Gedankenkraft, Visualisierung, Autosuggestion oder Gebet, sind das im besten Fall Gutenachtgeschichten für Kinder. Märchen könnte man ebenso sagen.

Manche Menschen werden beschenkt, obwohl sie vorher nicht einmal im Traum an das dachten, was sie schließlich erhalten. Andere hatten zuvor einen Wunsch, der sich dann scheinbar erfüllt. Und wieder andere wünschen sich ihr Leben lang Dinge, die sie niemals erhalten bzw. erfahren.

Die Gründe für die Verschiedenartigkeit der Erfahrung liegen auf der Hand: Was determiniert ist, trifft ein! Was nicht determiniert ist, kann und wird niemals eintreffen!

Die Welt ist in meiner Wahrnehmung nicht deshalb perfekt, weil ich sie durch die rosarote Brille betrachte: in allem das Eine, ob gut oder böse, angenehm oder unangenehm. Würde ich mich mental trainieren, könnte ich womöglich keine Traurigkeit mehr wahrnehmen, wenn ich Steuern nachzahlen muß. Aber so verrückt sich das auch in deinen Ohren anhören mag: Was spielt Traurigkeit für eine Rolle, wenn niemand mehr da ist, der sich ihrer annimmt?

Die Dinge geschehen, angenehme und unangenehme Dinge, aber ich bin schlicht nicht mehr fähig, sie nach den gängigen (und mir natürlich auch noch in der Erinnerung bekannten) Mustern zu bewerten. Natürlich löst eine finanzielle Ausgabe, mit der ich nicht rechne, keine angenehmen Gefühle aus, aber anders als früher fehlt in meiner subjektiven Erfahrung derjenige, der sich in das unangenehme Gefühl *einklinkt* und darunter leidet. Du magst sagen: Aber du warst doch traurig! Ja, aber selbst hierbei kann ich einfach nicht sagen, daß ich mich dieser Traurigkeit annahm, mich um sie kümmerte, sie hätschelte und tätschelte oder mich gar in ihr suhlte. Mir bleibt daher nur übrig zu sagen: Traurigkeit ist da! Und wenn sie da ist, **ist es das, was ist!** Mit anderen Worten: Da ist niemand, der dann, wenn Traurigkeit da ist, weniger traurig oder gar gleich wieder fröhlich und glückselig sein möchte!

„Also ist dein Ego gestorben?" fragte mich ein Besucher, dem ich obiges bezeugte. Quatsch! Ohne Ego können wir ebenso wenig existieren wie ohne Körper. Und doch ist etwas gestorben. Etwas, das sterben muß, wenn die Perfektion der Welt erblickt werden möchte. Und das ist die Illusion, daß ich das Ego bin!

Sag mir, bist du der Boden, auf dem du stehst? Nein, wirst du sagen, ich stehe auf ihm, aber **ich bin nicht** der Boden. Okay, einverstanden! Warum glaubst du dann aber, daß du das bist, was man ich (oder Ego) nennt? Ohne Ego bin ich nicht, was ich bin, magst du sagen. Wiederum, einverstanden! Ich würde es allerdings so formulieren: Ohne Ego bin ich nicht **wahrnehmungsfähig**!

Aber wie steht's mit dem Boden? Wärst du denn ohne Boden wahrnehmungsfähig? Natürlich auch nicht. Wie sollte das möglich sein? Ohne die Erde, auf der wir leben, existierten wir ebenso wenig wie ohne Körper und ohne Ego. Warum glauben wir trotzdem beharrlich, zwar nicht der Boden, aber das Ego zu *sein*? Nun, du hast dich so sehr mit deinem Ich (deinem Ego) identifiziert, daß du tatsächlich glaubst, es zu SEIN. **Das ist die Täuschung**. Und **die** muß tatsächlich sterben. Ist sie gestorben, ist niemand mehr da, der das, was passiert, nach EGO-Maßstäben bewerten könnte. Es ist schlicht unmöglich, weil nun derjenige fehlt, der es bewertet! Deshalb sagte ich, daß es meine Unfähigkeit ist, die die Welt in meiner Wahrnehmung perfekt aussehen läßt. Die Unfähigkeit, mich als EGO zu sehen.

Du mußt nichts hinzugewinnen. Alles, was du hinzugewinnen kannst, macht die Welt nur temporär ein wenig schöner oder besser. Hinterher aber bist du enttäuschter als zuvor, denn das, was du suchst, ist nicht ein „Mehr", sondern ein „Weniger" als zuvor. Die Welt „wird" perfekt, wenn du etwas verlierst. Und das, was du verlieren mußt, ist in Wahrheit etwas, das nur in deiner Phantasie existiert. Also – wo ist das Problem?

Frieden ist unser natürlicher Zustand. Man muß ihn nicht finden, kann ihn auch nicht blockieren. Nur übersehen. Scheinbar.

Woher kommt die Angst? Woher die Frustration und die Resignation? Woher der Frust, die innere Unruhe, ja die Verzweiflung? Einzig und allein aus der Desinformation: „Es ist jetzt nicht so, wie es sein soll, nur wenn es so wäre, wie es sein sollte, ja dann wäre ich zufrieden." Diese Hoffnung auf einen Zustand, den ich noch nicht besitze, ist die Ursache dafür, daß er sich nicht einstellt.

Zeit ist ein Eindruck. Zeit gehört zur Wahrnehmung einer Welt, die aus Energiepartikeln besteht, die in ständiger Bewegung sind. Und selbst diese Definition ist ein mehr oder minder hilfloser, nahezu lächerlicher Versuch, eine Welt zu beschreiben, in der nur so getan wird, als würde sie existieren.

Ich weiß nicht, ob es vielen Menschen vergönnt ist, in einem einzigen Leben so viele Glückseligkeiten zu erleben, wie ich sie erleben durfte. Das Leben hat mir auf allen Gebieten

Höhepunkte geliefert. Beruflich kam ich genau da an, wo ich ankommen wollte. Was erotische Vergnügungen angeht, ließ es mir das Leben ebenfalls an nichts fehlen. Ich erlebte aber auch das, was man die große Liebe nennt. Ich reiste in die meisten der Länder, von denen ich träumte. Selbst mein größter Traum, Bücher zu schreiben und zu publizieren, wurde schließlich Realität. Und spirituell, meine Güte, ich könnte die mystischen Gipfelerfahrungen – ekstatische Zustände und tiefe Einheitserlebnisse in totaler Stille – sicher nicht zählen, selbst wenn ich mich darum bemühte.

Warum erzähle ich dir das? Um anzugeben? Daran liegt mir nichts. Nein, ich möchte dir lediglich sagen, daß in all dem nicht die wahre Glückseligkeit ist. All dies sind nur Köder, mit denen uns das Leben lockt, damit der Haken schließlich so richtig fest sitzt!

Erst wenn du stirbst und zur Speise wirst für den Geliebten, ist wahre Glückseligkeit da. Nicht deine, seine! Denn du bist ja gestorben. Dich gibt's nur noch der Form nach.

Die meisten zweifeln an meiner Authentizität,

wenn ich sage: Wenn Gevatter Tod anklopfen würde, um mir zu sagen: „Mein Freund, nur noch eine Stunde!" wäre das für mich ebenso wie das Aufschlagen der letzten Seite eines guten Romans.

Wahre Glückseligkeit kommt erst zu dir, wenn niemand mehr da ist, der glücklich oder traurig sein kann. Gleichgültig ist dir dann, welche Gefühle erscheinen. Ich kann jederzeit „Oh wie sehr ich doch liebe" in mir anstimmen und dabei innerhalb kurzer Zeit wundervoll liebende Gefühle empfinden. Aber wichtig ist es mir nicht mehr.

Es gibt kein Ich im Körper. Ich und du, diese Begriffe gibt es nur zur besseren Orientierung im Wahrnehmungsspiel. Stell dir vor, wir hätten sie nicht! Wie sollten wir kommunizieren? Unmöglich. Also nutzen wir sie, aber real ist das Ich deshalb nicht.

Vor Jahren besuchte mich eine Frau, die Engel vor großem Publikum channelt und nach meiner Lektüre verwirrt war. Sie war im Zweifel, ob die Engel, die sie hört und manchmal sogar sieht, tatsächlich existieren. Ich fragte sie: „Unterhalten wir uns gerade miteinander?" „Natürlich", antwortete sie, etwas konsterniert, „was denn sonst?" Ich darauf: „Unsere Unterhaltung ist ebenso Illusion wie dein Traum gestern Nacht. Warum sollten also keine Gespräche mit Engeln stattfinden? Sie finden ebenso statt wie unser Gespräch und sind ebenso nur Illusion. Wenn du also Menschen mit diesen Botschaften zu helfen vermagst, spricht nichts dagegen. Es spricht ebenso wenig dagegen, wie etwas gegen einen guten Schuhmacher spricht, der täglich gegen Honorar Schuhe besohlt. Beides ist eine Dienstleistung. Die des Schuhmachers ist physisch, deine metaphysisch. Und beide sind Illusion, weil die materielle ebenso wie die spirituelle Welt in Wahrheit ebenso wenig existiert wie ein nächtlicher Traum. Daher beeindrucken mich Engelvisionen, Live-Channeling, Spontanheilungen, Wunder wie

Leute umwerfen, Asche oder Gegenstände, die aus dem Nichts ‚erscheinen‘, ebenso viel und ebenso wenig wie ein Krokus, der im Frühjahr ebenfalls völlig grundlos und unerklärlich aus dem Nichts ‚erscheint‘.“

Stell dir eine Hand im Handschuh vor. Und stell dir gleichzeitig vor, der Handschuh könnte denken, er wäre die Hand. Was würde er denken, wenn er das Gefühl hat, daß „er“ sich bewegt? „Ich bewege mich.“ Was würde „er“ denken, wenn er sich nicht bewegt: „Ich habe keine Lust, mich jetzt zu bewegen.“ Was passiert in Wirklichkeit? Natürlich – die Hand bewegt sich oder bewegt sich nicht. Der Handschuh führt nur aus, was die Hand tut oder nicht tut.

Schau genau hin, dann wirst du in allem nur Liebe erkennen! Schau unter die Maske der Habgier, der Eifersucht, des Neids, selbst des blindwütigen Hasses! Schau unter die Maske des islamistischen Terroristen! Ist es etwa nicht Liebe, die ihn zum Selbstmordattentat treibt? Liebe zu seinem Propheten! Liebe zu seinem Volk, seinem Land! Es ist Liebe, auch wenn sie noch weit, weit davon entfernt ist, ihr volles Potential zu entfalten. Die Liebe wächst offenbar im Trial-and-Error-Verfahren. Aber in jedem Moment ist es essentiell Liebe. Selbst wenn es aussieht wie Haß. War nicht auch der farbenprächtige Schmetterling einmal in ein unansehnliches Raupengewand gehüllt?

Was bedeutet eigentlich Erleuchtung? Nur eins: Der Denker wird als (nützliche) Illusion entlarvt. Plötzlich merkst du: Es gibt niemanden, der all das denkt, was „ich" denke! Der Jemand, der meinte, er wäre der Denker all dieser Gedanken, ist wie jeder andere Gedanke nur ein Gedankenkonstrukt. In diesem Moment tritt der Zeuge auf. Und der Denker stirbt. Das heißt: Eigentlich stirbt natürlich nur die Illusion eines Denkers, denn er existierte noch nie.

Und wenn das geschieht, dann sind Gedanken einfach das, was sie wirklich sind: NUR Gedanken, die kommen und gehen. Sie werden als angenehm empfunden, wenn sie konstruktiv sind und dich im Flow halten, und als unangenehm, wenn sie destruktiv sind und Widerstände erzeugen, aber du bist nun impotent zur (Er)Zeugung des Gedankens: Ich denke! Ich bin der, der das alles denkt!

Weise sind nur deshalb weise, weil sie den Schwindel der Welt durchschauen. Ihnen ist bewußt, daß wir hier lediglich eine Rolle spielen und nur scheinbar in eigener Initiative handeln. So wie manch einem Opfer der lustigen Fernsehsendung *Vorsicht Kamera* schon während der Dreharbeit bewußt wird, daß es sich bei den Handlungen der agierenden Menschen um Schauspieler handelt, die einfach gemäß der Drehbuchanweisung agieren. Natürlich werden sie anders agieren und reagieren als wenn sie unwissend wären.

★ ★ ★

Was ist wahr, was ist Traum? Träumst du womöglich dein Leben? Oder lebst du, während du träumst? Oder träumst du sowohl wenn du schläfst als auch während du wach zu sein scheinst?

Hast du schon einmal luzide geträumt, also im Traum die Klarheit erlebt: Gott sei Dank, ich träume ja nur! Wurdest du also schon einmal im Traum desillusioniert? Dann weißt du, wie ich das erlebe, was man Wirklichkeit nennt. Es ist nur diese Klarheit, die man in allen spirituellen Traditionen Erwachen nennt, aber in Wahrheit gibt es kein Erwachen, denn der Traum geht ja weiter, er endet nicht, wenn dir klar wird, daß es ein Traum ist, du bist nur desillusioniert, du weißt nur: Was ich erlebe, ist nicht real, was geschieht, geschieht in Wirklichkeit nicht. Und die Folge ist, daß du deinem Traum zusehen kannst, allerdings ohne ihn stoppen zu können, alles geschieht nun … ohne dich.

Was tust du in der Regel, wenn dunkle Gedanken aufziehen? Beispielsweise: „Ach, was bin ich doch für eine arme Sau! Wieso nur ist mein unsympathischer Nachbar so stinkreich, und ich muß jeden Euro dreimal umdrehen, bevor ich ihn ausgeben kann? Da habe ich nun geglaubt, die große Liebe zu finden, und jetzt entpuppt sich dieser Mensch als solch ein treuloses Scheusal! So lange visualisiere ich schon meinen Traumpartner, und anstatt ihn endlich zu finden, begegne ich immer wieder nur Typen, die mich ausnutzen! Warum nur ist gerade mein Kind so antriebsschwach und macht mir so große Sorgen, habe ich das etwa verdient? Nun habe ich so viele Jahre für dieses Unternehmen geschuftet, jetzt bauen sie Stellen ab, und gerade ich steh dann auf der Straße!"

Stell dir bitte für einen Augenblick vor, daß du bei unveränderter Lage **nicht** von den eben aufgezählten dunklen Gedanken bedrängt würdest! Mag sein, daß dir das außerordentlich schwerfällt, versuche es dennoch, und stell dir die Frage: „Wie würde ich mich fühlen, wenn ich das, was ich über meine Situation denke, nicht denken würde oder müßte?"

Wenn du frei wärst von diesem gedanklichen Zwang, würde sich deine emotionale Befindlichkeit zweifellos sofort verändern. Denn deine Gefühle werden letztlich nicht von Ereignissen, nicht von den äußeren Umständen, sondern von Informationen erzeugt, die in deinem Gehirn Eingang finden.

Kürzlich fragte mich jemand: „Ich weiß nicht, ob ich mich scheiden lassen soll. Schon zwei Jahre lang denke ich darüber nach und komme zu keinem Ergebnis!" Ich fragte: „Bei dem Gedanken an beide Alternativen – was fühlt sich denn besser an?" Die Antwort: „Scheidung." Ich sagte: „Dann laß dich doch scheiden!" Als Antwort erhielt ich: „Das würde ich schon gerne tun, aber ich weiß nicht, wie es sich anfühlen würde, wenn ich es täte!"

Wenn du an Entscheidungen so herangehst, wirst du nie wissen, wie sich das Ergebnis einer

Entscheidung anfühlt! Du wirst immer nur wissen, wie sich dein Zweifel anfühlt!

Wenn du wissen willst, wie du dich fühlst, wenn du einen Berg bestiegen hast, mußt du verdammt noch mal hoch! Wie willst du denn sonst erfahren, wie es sich oben am Gipfelkreuz anfühlt?

Tu, was du meinst tun zu müssen oder zu sollen! Während dessen wirst du schon merken, ob du es tatsächlich kannst. Denn wenn du es nicht können sollst, wirst du mittendrin aufgehalten. Aber dann weißt du zumindest, was Sache ist und bleibst nicht in einer widersprüchlichen und energieraubenden Haltung gefangen.

Manchmal erscheinen mir Menschen wie ausgestanzt. Zeitlich begrenzte Formen aus dem zeitlosen Material vollkommener Leerheit. Schattenspiele der Ewigkeit sozusagen. Wie lächerlich erscheinen mir dann alle Sorgen um Kleinigkeiten.

Wenn du von deinem Partner erwartest, daß er sich so verhält, wie du es für angemessen hältst, besteht immer das Risiko, daß du enttäuscht wirst. Denn das, was du von ihm erwartest, vermag er dir nicht immer zu geben. Wirfst du ihm dann auch noch vor, daß er dir nicht das gab oder geben kann, was du von ihm erwartest, wird aus deiner Erwartung Erwartungsdruck. Wahrscheinlich gehen die meisten Partnerschaften wegen enttäuschter Erwartungen kaputt, die der andere als Erwartungsdruck wahrnimmt.

Was im Gewahrsein erscheint, ist vollkommen sinn-los. Sobald du den Versuch unternimmst, ihm einen Sinn zu geben, versetzt du ihm den Todesstoß. Du gewinnst (eine trügerische) Sicherheit („Halleluja, ich weiß wozu Gott die Welt geschaffen hat und wozu ich hier bin"), aber dies ist einem Gefängnis ähnlich. In einer Einzelzelle bist du zwar sicher, aber zu welch einem hohen Preis!

Im Nicht-Sinn liegt die letzte Wahrheit!

Alles UN-SINN, aber wie wunderschön!

Wo hältst du dich auf? Innen mein ich! Im Sinn oder Nichtsinn/Unsinn? Im Sinn bist du immer auf Sinn**haftigkeit** angewiesen. Anders gesagt: Sinn**verhaftet!**

Sinn ist eine Verhaftung!

Wenn dir innerhalb dieser Verhaftung, wie mir heute Morgen, ein Zahn herausbricht und dabei auch noch eine sichtbare Lücke offenbar wird, wenn ich lache, würdest du sicher bestürzt sein: „Was macht das denn jetzt für einen Sinn? Noch dazu am Sonntag, wo kein Zahnarzt auf hat. Kostet doch nur Geld! Und Zeit! So ein Blöd-Sinn!"

Ich wollte nur einen Essensrest zwischen den Zähnen entfernen und hielt statt dessen den Zahn zwischen den Fingern. Tat nicht mal weh. Hinterläßt nur eine „sinnlose" Lücke. Aber da ich im Leben keinen Sinn sehe und daher nicht sinn-verhaftet bin, hab ich nur gelacht. Meine Freundin angelacht, mein ich. Mit dem Zahn in der Hand und der Lücke im Mund! Und dann haben wir sinnloserweise beide gelacht. Leider nicht bis der (Zahn)Arzt kam! ☺

Der wahre Unsinn liegt in der Frage nach einem Sinn! Sie wird gestellt, diese Frage, gar keine Frage, aber raus kommt nur Unsinn! Es kann nur Unsinn rauskommen, weil Un-Sinn der Ursprung all dessen ist, was **naturgemäß** überhaupt keinen Sinn machen kann.

Ein Schwarzer gebiert einfach kein weißes Kind.

Ich weiß nicht, ob die Abwesenheit jeglichen Sinns Sinn für dich macht! Ich bade darin.

Komm doch zu mir in die Wanne ...

★ ★ ★

Ich bin weiß Gott nicht gegen Schmerz! Schmerz ist wie Freude, sie erscheint nur am anderen Ende des emotionalen Spektrums. Ich konnte nie verstehen, warum weinenden Menschen gesagt wird: „Weine doch nicht! Deswegen doch nicht!" Oder ähnliches.

Wenn in meinem Seminar jemand weint, seh ich es den meisten anderen Teilnehmern an: Es ist ihnen peinlich! Es macht sie verlegen. Warum nur?

Laßt die Leute doch weinen! Und weine, wenn dir danach ist. Weine nur nicht darüber, daß du weinen mußt. Das ist zumindest nicht nötig, und allein erst das macht so richtig traurig.

Analysieren wir den Schmerz, insbesondere den, der Kindheitserinnerungen entspringt, so stellen wir fest, daß er allein deshalb entsteht, weil wir uns und andere als Personen betrachten: „Mein Papi/ meine Mami hat mich nicht wirklich geliebt."

Und wenn die Szenen hochkochen, die diese Feststellung bestätigen, fließen freilich Tränen: „Man hat mich damals alleingelassen, und das war so ein Schlag ins Kontor, von dem ich mich niemals mehr erholte. Daher kommen meine Verlustangst und all meine Mißerfolge in Beziehungen."

Ich frage dich: Was nützt es dir, das zu wissen? Wird sich dadurch irgendwas für dich ändern? Hat sich etwas geändert, seit du es weißt?

Ich stelle fest, daß ich weder Mutter noch Vater habe. Daß ich niemals ein Kind war, das zum Jüngling und schließlich zu dem wurde, was man

ein gestandenes Mannsbild nennt. Mein soge-
nannter Lebenslauf hat mit mir nur insofern zu
tun, als er in meiner Wahrnehmung auftaucht.

Glaube mir kein Wort! Überprüfe jede meiner
Behauptungen!

In dem Film *Heat*, den ich mag und mir schon x
Mal ansah, fragt Al Pacino als Kommissar einen
Verbrecher: „Ja oder ja?" Und er stellt die Frage
mit solcher Bestimmtheit, daß ein Nein nicht
allein wegen der alternativlosen Fragestellung
unmöglich ist.

Ja zum Leben, ein Nein ist unmöglich gewor-
den. Das ist das Ergebnis der Klarheit. Egal wie
es läuft. Und es läuft nicht immer optimal. Es
läuft manchmal sogar alles andere als optimal.
Und das tut weh. Das macht zornig. Das bringt
unter Druck. Reaktionen, die nach Einkehr
der Klarheit nicht etwa verschwinden. Was
verschwindet ist wirklich nur eins: die Über-
zeugung, dies alles geschähe MIR! Doch genau

das führt zum immerwährenden Ja. Selbst zum Nein wird jetzt ja gesagt!

Gott muß Mensch werden, sonst bliebe er unsichtbar, körperlos, formlos, immateriell, leer, reines Potential. Und jetzt ist er Mensch. Also spiele mit und sei Mensch. Ganz und gar menschlich. Ich gebe ja zu: Dies klingt nicht nach Erleuchtung! Dafür ist es einleuchtend!

Gott ist Mensch, weil er das Menschenspiel liebt. Die beißende Kälte im Winter und den Schnee, der sich wie eine Decke aus Watte über das Land legt und alle Geräusche verstummen läßt. Im Frühling dann die Krokusse, die durch den Restschnee lugen. Der Geruch nach frischgeackerter Erde. Der Sommer, wenn du bei Sonne und Wind durch wogende Kornfelder streifst. Oder am rauschenden Meer im Sand liegst und über all die verschiedenen Körper staunst, die du erfunden hast. Entweder um an ihnen zu entbrennen oder um dich köstlich über sie zu amüsieren. Du bist es, der sich in Kriege stürzt, zum Folterer wird und zum Gefolterten, zum Soldat und Verwundeten, zum Freund und zum Feind, zum Richter und Angeklagten, zum Vergewaltiger und Opfer, zum Lehrer und Schüler, zur Frau und zum Mann. Ja, selbst die Mühsal im Leben und all die Konflikte, die Spannung erzeugen und absolut notwendig sind, um nicht eingelullt vor dich hin zu sabbern, bis der Tod dich von einem langweiligen Leben erlöst, all das entspringt dir und ist dein ureigenes Spiel, das du *zu spielen gezwungen* bist, weil du liebst und gar nicht anders kannst, als über alles zu lieben.

Gott ist in allem drin, und er genießt dieses Spiel, egal ob er als Mensch oben ist oder unten, selbst wenn er in dir (noch) nicht wissen sollte, worüber er in mir redet. Denn es ist seine Erfindung, und es wird deine sein, wenn dir bewußt wird, daß du Gott bist, nie etwas anderes warst, nie etwas anderes sein kannst. Und zwar hier, jetzt, in dem, was gerade ist.

Es geht nur ums Erinnern, weil du ja tatsächlich Gott bist und es nicht erst werden mußt. Und dann genießt du das Leben. Nicht spektakulär, nicht extravagant. Nein, eher verborgen, leise, sanft, zurückgezogen, ohne spirituelles Theater. Das **menschliche** jedoch, nicht das göttliche Leben!

Die Wahrheit erscheint paradox, weil sie so komplex ist. Wer sie zu kategorisieren versucht, muß daher scheitern. Kategorien sind hilfreich, wenn es um Steuern und Abgaben geht. Hier wäre es hilfreich, die Paradoxien zu meiden, was jedoch (leider) nicht geschieht. Die Wahrheit betreffend sollte man sich jedoch vor den Kategorien hüten, denn sie verwirren auf diesem Feld mindestens ebenso wie die Paradoxien bei den Steuern und Abgaben.

Unserem Verstand wurde beigebracht, Widersprüchliches mit einem Veto zu belegen. Quantenphysiker haben diese Hürde längst genommen. Spirituell Suchende könnten lernen, die Paradoxie nicht als Gegensatz, sondern als höhere Logik zu begreifen. Ist der Sprung über diese Hürde vollzogen, joggst du noch immer und stellst anschließend nach wie vor fest, daß du in einer halben Stunde soundsoviele Kilometer zurückgelegt hast, bist dir aber gleichzeitig dessen bewußt, daß es niemanden gab, der kilometerweit lief, auch keine Strecke, die dabei zurückgelegt wurde, keine Uhr und erst recht keine Zeit.

Gott hat dich nötig, um erscheinen zu können. Weil er ansonsten unsichtbar bliebe. Schau einmal mit dieser Einsicht in den Spiegel. Du wirst eine(n) andere(n) sehen. Und du wirst dich lieben, so wie du bist.

Erkennst du dich erst einmal als Gott, ist alles Gott. Bist du in deiner Wahrnehmung sterbliches Fleisch, ist alles sterbliches Fleisch, das verdorben ist bzw. verdirbt.

Die Respektlosigkeit gegenüber dem Leben ist ein Ergebnis von Unwissenheit. Du weißt wenig über das Leben, wenn du nicht auf die Knie fallen kannst und den Boden küßt! Du weißt wenig über die Liebe, wenn dich der Schmerz, den Menschen zum Ausdruck bringen, nicht zu Tränen rührt! Du weißt nichts über Gott, wenn du nicht in jedem Lebewesen – und sei es in einem Hund, einer Sau oder einem Rind – die Essenz allen Seins wahrzunehmen vermagst. Der Respekt schlägt sich nicht zwingend in der Entscheidung nieder, zum Vegetarier zu werden, auch nicht in einer Geste der Dankbarkeit vor dem Verzehr, es ist eine Geisteshaltung, die weit über ein rituelles Verhalten hinausreicht.

Der Körper mag dich bei manchen Menschen abstoßen. Dagegen kannst du nichts machen. Wenn du jedoch in deiner Göttlichkeit bist, siehst du innendrin Gott.

Deine Welt ist eine Wahrnehmungswelt. Wie du sie wahrnimmst, hat nichts mit der Welt, sondern allein mit dir zu tun. Mit der Art, wie du (sie) wahrnimmst. Wie bewußt du bist.

Bemühe dich nicht, wie Gott zu sein. Das geht schief. Bemühe dich nicht, abstoßende Körperhüllen zu lieben. Bemühe dich auch nicht um Respekt und Mitgefühl. Bringt alles nix.

Sei was du bist, dann besitzt du all diese Attribute. Du bist unfähig, ohne Respekt, ohne Mitgefühl, ohne Liebe zu sein, wenn du dich in deiner Göttlichkeit siehst.

Ist es nicht erstaunlich? Ich meine, daß nichts alles ist. Und natürlich im Umkehrschluß alles nichts. Vorsicht: Sag jetzt nicht, das wäre nicht zu verstehen. Das könnte man nur behaupten oder „metaphysisch" erklären. Nein, es ist logisch.

Alles muß nichts sein, weil es sein Gegenstück ist. Wenn du alles sagst, ist nichts (schon) vorhanden. Wenn du nichts sagst, ist (schon) alles vorhanden. Ohne dessen Erwähnung. Denn eins ist ohne das andere undenkbar.

Was für einen Sinn macht denn alles ohne nichts? Selbst der Begriff wäre sinnlos. Denkbar ist der Begriff „alles" nur im Kontext mit dem Begriff „nichts". Glaube mir nicht. Überprüfe es.

(Der Begriff) Alles verweist somit auf das Nichts. Andersrum ebenso: Könnte das Alles sprechen, würde es sagen: „Schau mal da rüber!" Und du sähest … nichts. Könnte das Nichts sich verbal bemerkbar machen, würde es auf alles verweisen, denn ohne das wäre nicht nichts.

Somit ist klar, daß es sich sozusagen um siamesische Zwillinge handelt. Untrennbar miteinander verbunden. Keins kann ohne das andere sein. Keins ist ohne das andere.

Aber es sind nicht nur zwei Hälften des Ganzen, genau besehen ist beides dasselbe. Nichts ist alles, und alles ist nichts.

Und was nützt mir diese Feststellung in meiner Einsamkeit, Wut, Trauer, Resignation, Langeweile? magst du fragen.

Bei mir wirkt das so: Wenn ich alles bin, weiß ich, daß alles nichts ist. Das läßt mich nie allzu euphorisch werden! Wenn gerade einmal nichts (passiert), weiß ich, daß alles drin ist im Nichts. Das läßt mich nie resignieren!

Das Nichts, über das ich hier referiere, ist nicht allein nichts, sondern **gleichzeitig** alles! So daß sich der Vergleich mit einem (unscheinbaren) Eichelsamen anbietet, in dem der ganze Eichbaum drinsteckt mit Wurzelwerk, Stamm, Rinde, Ästen, Blättern und sogar der Zeit, die ihm bleibt, um ein Jahr nach dem anderen Blätter zu treiben und fallen zu lassen.

So bin ich nichts, nicht so, als wäre da nichts, wo (nur) nichts erkennbar ist. Selbst wenn ich nicht bin, bin ich daher alles. Selbst wenn ich alles bin, bin ich daher nichts.

Manifestation bedingt Dualität. Das eine und einzige Sein oder Nicht-Sein ist scheinbar (auf)geteilt in Gut und Böse, in Dunkel und Hell, in Tag und Nacht, in Männlein und Weiblein. Dabei ist es immer nur Eines. Doch um manifest sein zu können, muß es sich opfern, hingeben und sich sozusagen wie ein Verbrecher im Mittelalter zwei-teilen lassen. Sonst gibt's nichts, nichts jedenfalls, was man sehen, hören, schmecken, riechen, ertasten, mit anderen Worten *wahrnehmen* könnte. Es wäre unmöglich. Eine Manifestation ohne Kontraste – ein Unding. Und zwar im wahrsten Sinne des Wortes.

Das Unbedingte (oder das Un-Ding) muß sich be-ding-en, muß mit anderen Worten ver-ding-licht werden, um manifest sein zu können. Das ist einerseits faszinierend, andererseits grausam. Daher erleben wir eine gleichermaßen faszinierende wie grausame Welt. Sie kann gar nicht anders, als faszinierend **und** grausam zu sein, und sie wird **nie anders** sein als faszinierend und grausam zugleich.

Was sich verbessern **soll, wird** sich verbessern. Sei ohne Sorge! Die Gewichte verschieben sich ständig, jedoch ohne aus der Balance zu geraten. Geht gar nicht, weil die Zwei genau in der Mitte geteilt ist. Es gibt ebenso viel Glück wie Leid in der Welt. Wenn du mehr Leid als Glück siehst, solltest du vielleicht eine Zeitlang die Berichterstattung der Medien meiden. Und dafür viel Zeit in der Natur verbringen.

Manche Kinder gehorchen, andere nicht, wenn man ihnen sagt: „So geht das nicht! In Zukunft sitzt du beim Essen nicht unter dem Tisch! Und du frißt auch nicht mehr mit Hasso aus der Schale Hundefutter! Schließlich bist du kein Hund! Du bist ein Mensch!" „Ach so ist das", denkt das Karlchen, und ihm wird bewußt, daß der Papa, der ihn liebt und von dem er weiß, daß er alles für ihn tun würde, recht hat. Dies bewirkt eine Änderung seines Verhaltens, für das weder er noch der Papa was kann.

Benno dagegen empfindet, daß zwischen ihm und Hasso nur ein Unterschied im Aussehen besteht: Er hat zwei statt vier Beine, kein Fell und auch keinen Schwanz zum Wedeln! Aber *hingezogen* fühlt er sich zu Hasso, und seine

Eltern, die den ganzen Tag saufen, rauchen, vor der Glotze hängen und ihn selbst dann anschreien, wenn es gar keinen Grund dafür gibt, gehen ihm am Arsch vorbei. Daher (fr)ißt er weiterhin mit Hasso unter dem Tisch Hundefutter, und das selbst dann, wenn er eine Tracht Prügel für seinen erfundenen Ungehorsam erhält.

Handeln bedarf, wie man an diesem Beispiel sieht, keines Handelnden. Auch keinerlei Handlungsanweisungen. Alle Handlungen entstehen im Kontext der jeweiligen Situation zusammen mit Genen und Konditionierung. Der Handelnde ist eine uralte Denkgewohnheit, mehr nicht.

Ein Freund schrieb mir, wie man ihm wirklich auf übelste Weise mitgespielt hat, obwohl er seinen Kollegen nur etwas Gutes tun wollte. Das hat mich berührt, vermochte jedoch meinen Blick für die unbedingte Liebe, die die Quelle aller Geschehnisse ist, nicht zu trüben. Selbst als ich wegen eines Bandscheibenvorfalls wochenlang auf dem Rücken lag wie ein Maikäfer, der fremde Hilfe braucht, um wieder auf die Beine zu kommen, sah ich Liebe, die ich in meiner Essenz bin. Ich fluchte manchmal, ich schrie auf vor Schmerz, ich keuchte und stöhnte, wenn ich mich ins Bad bewegte, unmöglich aber konnte mich dieses Geschehen davon überzeugen, daß dies alles nicht aus Liebe geschehen könne. Im Gegenteil: Es gab mitten im Schmerz Augenblicke, wo ich sie tiefer empfand als topfit bei Sonnenschein und im Liegestuhl liegend.

Das Leben wird nicht zwingend leichter, wenn klar ist, daß es zwar Taten, jedoch keinen Täter gibt. Aber – und das wiederhole ich bis in die Steinzeit zurück und nach vorn in die nächste – wenn der Täter in der Wahrnehmung fehlt, gibt's keinen, den eine Bürde beschwert, wie schwer sie auch sei! Es gibt nur die Erfahrung als solche. Aber das ist ein solch ungeheurer Unterschied wie ein Winter, den du entweder im eiskalten Alaska oder in den Tropen am TV erlebst!

Schrei laut Halleluja! Ich hab es geschafft! Ich hab es tatsächlich geschafft! Was interessiert mich da, ob ich um die Hüften ein wenig zu dick bin! Was, daß ich zu wenig Geld habe! Was, daß ich sexuell wieder mal unbefriedigt bin! Was, daß ich ab und zu Angst in mir spüre, Unruhe, Wut oder Trauer! Was, daß ich ab und zu denke, es wäre besser gewesen, (im) Nichts geblieben zu sein!

Was bedeuten all diese Erscheinungen angesichts dessen, daß ich es schaffte, aus der totalen Leere in diese ungeheuerliche Fülle zu explodieren! Allein nur um dösen zu können hätte es sich bereits gelohnt! Denn im Nichts ist selbst Dösen völlig unmöglich!

Oh welch eine Schönheit, welch eine Pracht!

Du fühlst dich gerade elend? Welch ein beachtliches Wunder!

Im Nichts gibt's nicht einmal das. Nur endlose Leere. Und die wird noch nicht mal erfahren. Erkannt wird Leerheit ja nur, wenn sie voll wird. Mit Körpern, mit Formen, mit Farben, mit Bewegung, mit Sensationen!

Darauf schau!

Beschäftige dich nicht mehr mit Erleuchtung.

Sie ist es, die alles verdirbt.

Das alltägliche, gewöhnliche Leben selbst ist erleuchtend.

Selbst wenn du gerade am Boden liegen solltest und weinst.

Was du beim Sex am wenigsten brauchst, ist die sogenannte spirituelle Dimension. Je weniger Sex künstlich überhöht oder gar sublimiert wird, desto größer der Lustgewinn!

Wenn sich dein Wunsch nach Erkenntnis der Wahrheit erfüllen soll, wäre meine Empfehlung, ihr Studium abzubrechen und sie dafür zu schätzen, zu schmecken, zu kosten, zu lieben. Verliebe dich in die Wahrheit, dann wirst du zur Wahrheit! Jedoch selbst dieses Ergebnis sollte dich nicht sonderlich interessieren.

Mit der Liebe zur Wahrheit ist es ganz ähnlich wie mit dem Verliebtsein. Du hast nur Augen für sie oder ihn. Du vergißt dich dabei! Dein Herz brennt nur für sie oder ihn. Und schon bist du ein anderer Mensch. Strahlend, liebevoll, lebensfroh, vital, leicht.

Keiner meine Wünsche drängt nach Erfüllung. Doch diese Leichtigkeit ist nicht etwa der Grund, daß sich der eine oder andere erfüllt. Ich muß keinen meiner Wünsche loslassen, da ich an keinem festhalte. Man mag mir nicht glauben, aber ich bin, was meine Zukunft anbelangt, auf kein Ziel fixiert.

Es ist jedoch nicht so, daß ich gar keins hätte. Ich war immer ein zielorientierter Mensch, und dieses Programm hat sich durch die Deaktivierung der Täuschung persönlicher Täterschaft nicht verändert. Aber ich hänge an nichts mehr. Nicht einmal an meinem Leib oder Leben.

Diese von manchen Unwissenden als fatalistisch eingeschätzte Einstellung, ist mitnichten ein Zeichen für Resignation. Ich füge mich nicht, weil mir nichts anderes übrigbliebe, ich füge mich wie ein Kind, das seine Eltern liebt und weiß, daß sie nur das Beste für es wollen!

Manchmal scheint die Liebe verloren. Wenn du in die Natur siehst, wenn du deren atemberaubende Schönheit gewahrst, ist dir manchmal vor lauter Liebe zum Weinen. Aber wie steht es, wenn Mangel erscheint, ein Unglück, ein Verlust, ein Wunsch, der dir einfach nicht erfüllt wird? Dann ist verdammt nochmal Traurigkeit da. Eine andere Reaktion wäre unmenschlich.

Positives Denken rät dir, anstatt der Information „Wie traurig ich doch bin", einfach „Ach wie gut es mir doch geht" zu denken. Bevor einer in Traurigkeit versinkt und von einer Brücke springt, mag diese „Affirmation" angebracht sein. Auf Dauer aber schädigt man sich dabei durch den Aufbau eines Verdrängungsmechanismus. Und nichts anderes geschieht beim positiven Denken.

Wenn ich traurig bin, ist es **Liebe, die trauert.** Das ist nichts als die Wahrheit, weil nur

Liebe existiert. Man versucht nicht die Trau-rigkeit mit Lustigkeit oder positiven Gedanken zu ersetzen: „Ach, daß mir das Bein amputiert wird, ist doch das Beste, was mir passieren kann. Das Universum meint es ja nur gut mit mir!" Es wäre zwar nicht einmal falsch, so zu denken, im Gegenteil, es wäre nichts als die Wahrheit, aber wer könnte das denn? Die wenigsten wären mit dem Herzen dabei, würde ich sagen.

Jemandem, der gerade im Schmerz ist, zu sagen, Leben sei nur ein Spiel, sei Illusion, nur eine Geschichte, ist nicht nur nicht emphatisch, son-dern sadistisch!

Was der Mensch im Schmerz braucht, ist dein Mitgefühl. Wenn du es nicht aufbringen kannst, halt lieber den Mund und geh deiner Wege.

Wahrheit kann wie ein Messer sein, wenn die Liebe fehlt.

Wahrheit und Liebe gehen immer zusammen, es sind nicht nur eineiige, sondern siamesische Zwillinge.

★ ★ ★

Alles ist Bestimmung. Alles, nichts ausgenommen.

Vor dem Tod ist nach dem Tod: unbedingte Liebe im Zustand unsichtbarer, unfühlbarer, undenkbarer Potentialität, die nach Manifestation drängt, weil Liebe sich ausdrücken muß und darin nicht die geringste Wahl hat.

Als ich heute Morgen die Zahnpasta aus der Tube drückte, war ich an den *Ausdruck Gottes* erinnert. Kein Scherz! Die Allegorie ist gar nicht so abwegig, wie man zunächst meinen mag.

Was in der Tube drin ist, kommt raus, weil der Druck zu stark ist. So mag es Gott gehen. Weil er dem Druck zur Gestaltung einfach nicht standhalten kann.

Ich war heute Morgen schon früh auf den Beinen. Die Sonne schien, die Vögel zwitscherten. Gräser, Sträucher, Bäume beginnen zu grünen. Noch vor 14 Tagen war das nicht der

Fall. Ich hatte den Eindruck, als wäre die Natur explodiert. Auch hier: Der Druck ist einfach zu stark. Wäre es unmöglich, daß es genauso zum Aus-Druck unbedingter Liebe kommt?

Es gibt Tage, an denen du dich morgens wie ausgespuckt fühlst. Wie ein schleimiger, klebriger Auswurf. Wäre ich nicht, wär es besser, magst du dann denken. Aber du existierst. Ob scheinbar oder real ist dir dann im Grunde auch ziemlich egal.

Nichts von dem, was dich umgibt, erweckt Dankbarkeit. Alles erscheint grau in grau, bleischwer, mühsam, es kommt dir vor, als hingen Zentnergewichte an deinem Hals, als lasteten zentnerschwere Säcke mit feucht gewordenem Mehl auf deinen müden Schultern. In deine Beine scheint über Nacht Stahlbeton gegossen worden zu sein, so lahm ist dein Schritt.

Die Amsel trällert vielstimmig, es bedeutet dir nichts. Aus den Lautsprecherboxen erklingt ein beschwingtes Lied, doch du schaltest das Radio aus. Der gesüßte Kaffee schmeckt bitter.

Den Brotaufstrich – Mövenpick-Marmelade mit Himbeergeschmack – hättest du heute auch weglassen können.

Der Himmel ist blau, die Sonne wärmt deinen Pelz, dringt aber nicht in dein Herz. Dort hörst du dein Japa** im Inneren wie immer: „Oh wie sehr ich doch liebe", dein Herz jedoch, es bleibt stumm. Kalt. Wie versteinert.

Weshalb wird das manchmal erfahren?

Weil du Liebe bist! Und Liebe muß auch abwesend sein, um sich ihrer Anwesenheit erfreuen zu können. Sie muß Abschied nehmen, um sich beim Wiedersehen umarmen zu können. Hört dieses Wechselspiel auf, solltest du ernsthaft daran zweifeln, ob du noch lebst!

Ich teile hier keine Erleuchtungsdrops aus und schon gar keine Droge zur Erlangung permanenter Glückseligkeit. Ich sehe die Welt so, wie

---

** **Japa** (Sanskrit, m., जप, japa, von flüstern, murmeln) ist lautes, leises oder auch nur gedankliches Wiederholen eines Mantras. (wikipedia)

sie ist, mit ihren höchst faszinierenden und zutiefst grausamen Seiten. Ich sehe aber auch, was ebenso wahr ist: den Urgrund absoluter, unbedingter Liebe. Den Urgrund, nicht etwa den Abgrund.

Ich verstehe Leute, die sich selbst entleiben, weil sie in und mit dieser chaotischen Welt nicht mehr zurechtkommen. Sie sind auf jeden Fall ehrlicher und auch mutiger als jene Möchtegerngurus, die in Glückseligkeit machen, weil sie den dunklen Aspekt der Dualität verleugnen und sich statt dessen eine höchst exklusive und heile Satsang-Welt bauen, deren Grenzen die eigenen Anhänger sind. Zu solchem Selbstbetrug bin ich nicht fähig.

„Kein Mensch ist glücklich, bis er nicht tot ist." Das ist ein Zitat aus dem Film von Wim Wenders mit dem Titel *Palermo Shooting*, in dem ich einzig die Szene mit dem Tod, gespielt von Dennis Hopper, richtig gut finde. Dieser Satz spiegelt auf nahezu unvergleichliche Weise die Ambivalenz des Daseins. Nur tot bist du glücklich! Aber wie kann ich glücklich sein, wenn ich tot bin, nicht mehr da, nicht mehr anwesend bin?

„Lebe wie ein Toter", sagte der ZEN-Meister Kodo Sawaki. Du magst sagen: „Was für ein Quatsch! Wie kann ich leben, wenn ich tot bin? Da lebe ich doch gar nicht?"

Das Verrückte ist aber, daß Menschen gerade dann mausetot sind, wenn sie zu *leben* meinen. Schau dir die Gesichter, vor allem die Augen der Menschen an. Wo findest du Augen, in denen Lebendigkeit, Kraft, Liebe, Güte, Tiefe, Weisheit zum Ausdruck kommen? Die meisten Augen haben ihre Strahlkraft verloren, und wenn sie mal leuchten, dann nur, wenn ihre Besitzer gerade die Liebe erwischt hat! Und das kommt selten genug vor.

Ich liebe die Sauna auch deshalb, weil ich da Dualität in Reinform erlebe. Ich leide (beim Schwitzen) und liebe (es gleichzeitig doch)! Eigentlich müßte mein Buch nicht: *Leide nicht – liebe!*, sondern *Leide UND liebe!* heißen. ☺

Du willst nicht leiden, das ist völlig normal. Also bleibt dir nur ein Ausweg: der Tod. Denn Tote leiden nicht. Können nicht leiden. Weil sie nicht mehr existieren. Daher können nur sie glücklich sein. Das Dilemma ist nur, daß sie rein gar nix davon haben.

★ ★ ★

Wenn ein Unternehmer, der sagen wir mal 100.000 Mitarbeiter beschäftigt, nur *einen einzigen oder ganz wenige Mitarbeiter* top secret darüber informiert, daß der Laden im Grunde bankrott ist und seine glänzende Bilanz auf genialer Täuschung beruht, damit die Aktien nicht in den Keller gehen und das Unternehmen weltweit sogar noch an Image gewinnt, genügt das doch vollauf. Würden es alle erfahren, wären sie nur höchst beunruhigt und keiner würde motiviert arbeiten.

Die Welt funktioniert nicht, weil die Wahrheit offenbar ist. Sie funktioniert im Gegenteil gerade deshalb, weil sie (in den allermeisten Lebewesen) verborgen bleibt.

★ ★ ★

Was ich denke, fühle, tue, ist das, was die Quelle denkt, fühlt und tut! Und zwar völlig unabhängig von dem, was ich gerade denke, fühle oder tue. Ob ich angenehm oder unangenehm wahrgenommen werde, sanft oder autoritär, ob ich erfolgreiche Entscheidungen treffe oder solche, die sich als Flop herausstellen, ob ich mich gerade erschöpft fühle und nichts lieber hätte, als den Körper abzulegen, oder ob ich supervital und überragend bin.

Daß ich Quelle bin und nichts als die Quelle (in ihrem Menschsein) steht mir jedoch nicht ständig vor Augen. Es ist eher so bewußt, wie (mir) bewußt ist, daß mir eine klassische Römernase mitten im Gesicht sitzt. (Sagte zumindest mein Zeichenlehrer, setzte mich vor die Klasse und befahl den Mitschülern, mich im Profil zu zeichnen.) Ich brauche mich doch nicht ständig im Spiegel zu betrachten, um mir dieses Hakens mitten im Gesicht bewußt zu sein.

Es ist so. Und fertig.

Laß doch einfach mal die Hände weg, selbst wenn es dich juckt einzugreifen. Überlaß alles der Kraft, durch die sich immerhin die Erde um die Sonne dreht, die auch für den gewaltigen Wirbelsturm Irena verantwortlich ist, ebenso für die Schwerkraft und das Wachstum der Pflanzen, die Reproduktion aller Lebewesen. Um nur einige wenige Dinge zu nennen, die durch diese Kraft bewegt werden.

Nimm dir doch zumindest einmal vor, einen Tag lang gar nichts zu tun. Im Bett liegen zu bleiben. Dir nichts zum Essen zu machen. Nicht mal einen Kaffee. Die Tür nicht zu öffnen, wenn's klingelt. Dann wäre vielleicht die Erkenntnis möglich, daß du nur ein winziges Rädchen im Weltgetriebe bist und im Kontext anderer Räder „bewegt" wirst.

Schau, was passiert. Schau einfach nur, was passiert. Mit deinem Vorsatz, nicht zu agieren oder zu reagieren. Mit deinem Körper. Mit deinen Gedanken. Mit deinen Lebensumständen. Mit allem, was so geschieht oder nicht geschieht.

Ich lebe so. Kein Fake. Ich lebe so. Ich weiß

genau, daß ich nichts tue, und dennoch passieren jeden Tag tausend Dinge. Sie werden in mir gedacht, entschieden, getan. Sie geschehen durch andere. Sie geschehen, ohne daß ich weiß, wie sie geschehen. Warum sie geschehen. Wann sie geschehen. Es sei denn, ich schau auf die Uhr. ☺ Ich muß nichts mehr wissen. Ich muß gar nichts wissen, weil ich in dem Moment, in dem es notwendig ist, immer weiß, was ich wissen muß.

Beschränkt auf die Existenz bin ich frei. So frei wie sonst nie. Wer versucht, über die Existenz hinauszugelangen, indem er über sie philosophiert und gedankliche Gebäude errichtet, wird durch dieselben versklavt. Die stärkste Bindung sind jene Gedanken, die die Existenz zu transzendieren versuchen, indem sie ihr Sinn und Ziel geben. Das sind Gefängnisse, die ich nur allzu gut kenne.

Wie gut, nichts zu wissen. Und einfach zu leben. Im Flow. Was du wissen mußt, wird gelernt, wird behalten, wird eingesetzt, wenn es gebraucht wird.

★ ★ ★

In den wenigen virtuellen Spielen, die mir bekannt sind, gibt's immer nur verschiedene *Schwierigkeits*grade. Je besser du bist, desto höher wird der Schwierigkeitsgrad. Die leichten läßt du schließlich hinter dir. Wenn du sie weiterhin spielen würdest, würde dir langweilig werden. Verständlicherweise.

In meiner Wahrnehmung gibt es im Spiel „Existenz", sobald es als solches erkannt wird, nur noch *Leichtigkeits*grade. Was nicht bedeutet, das Leben als solches würde leichter werden. Also nur noch good feelings, nur noch good vibrations und nur noch Geschehnisse, die das Herz erfreuen.

Wer darauf hofft, den muß ich leider enttäuschen. Es sei denn, du glaubst mir nicht und liest weiterhin Bücher, die diese orgastischen Glücksphantasien verheißen. Nur zu. Am besten lernt man durch eigene Erfahrung.

Wenn einmal klar ist: das hier ist ein Spiel, nur ein Spiel, es hat ansonsten keine Bedeutung, auch keinen höheren Sinn, bist du erst mal raus aus dem beschwerlichen Deuten. Da fällt schon eine gewaltige Last von dir ab! Du mußt nicht mehr an dir und dem, was in deinem Leben bisher geschah, zweifeln. Du mußt dein Leben nicht mehr für sinnvoll halten, weil es schlicht als sinnlos erkannt wird. Du mußt nicht mehr Entscheidungen nachtrauern, die dich heute reicher, glücklicher dastehen ließen, wenn du dich damals nur anders entschieden hättest. Du mußt auch nicht mehr befürchten, daß du in der Zukunft von ähnlichen Desastern heimgesucht wirst. Nicht weil sie nicht eintreffen könnten, sondern weil es sekundär wird.

Du genießt es, im Spiel zu sein, und das genügt dir vollauf. Das, was gerade ist, ist das, was gerade ist. So absurd es klingt: Genau darin ist das Glück, das du überall suchst und doch nirgends findest. Weil diese Sicht nämlich nicht von Glücksgefühlen abhängig ist.

Wenn einmal klar ist, daß alles, was du entscheidest und tust, zu 100 Prozent determiniert ist, daß du dich folglich immer nur so entscheidest und entscheiden kannst, wie es dir bestimmt ist, bist du vollkommen frei, dich so zu verhalten, wie es dir jeweils am besten, am optimalsten erscheint. Und wenn Disziplin bzw. einige Regeln dein alltägliches Leben angenehmer zu machen vermögen, wirst du dich natürlich an sie zu halten versuchen. Ob dir das (immer) gelingt, steht auf einem anderen Blatt. Der Vorteil der Gewißheit, daß ich nie etwas tue, egal was ich tue oder eben nicht tue, besteht nicht nur in der Freiheit, zu tun, was immer ich tun will, sondern auch darin, daß ich mir keine Vorwürfe mache, wenn ich mich an meine Regeln (einmal) nicht halte. Denn Vorwürfe kann man sich bekannterweise nur machen, wenn jemand da ist, der sie sich machen könnte. Da ist aber keiner!

Wenn ich meine Karriere vom einfachen Verkäufer bis zum erfolgreichen Managementtrainer Revue passieren lasse, würde ich heute sagen: *Mehr Glück als Verstand!* Zum richtigen Zeitpunkt wurde das richtige Signal an den richtigen Menschen gesandt. Und wer konnte wissen, wann der richtige Zeitpunkt und wer der richtige Ansprechpartner war?

Was immer du erlebt hast, gerade erlebst und noch erleben wirst, läuft genauso. Gänzlich ohne dich! Es geschieht!

Glaube mir kein Wort! Überprüfe es vielmehr! Und du wirst zu keinem anderen Ergebnis kommen. Es ist der Kontext, es sind deine Gene, es ist Konditionierung. Diese drei Faktoren formen dein Schicksal.

Ich bin immer im Handlungsmodus. Aber gerade deshalb tue ich weit weniger als früher! Im Handlungsmodus zu sein bedeutet nicht, hyperaktiv zu sein. Es bedeutet nur: zum Handeln bereit! Das ist so ähnlich wie: zum Absprung bereit! Ob ich aber tatsächlich springe, steht in den Sternen.

Eine Schülerin schrieb mir kürzlich, sie lerne jetzt bei einem Sattler. Das bringe ihr zwar nicht das große Geld, sie sei aber mit dem Herzen dabei. Und wer weiß, vielleicht könne sie irgendwann einen Stuhlbezug bzw. einen besonderen Stuhl kreieren, der reißenden Absatz finde.

Überlaß das Ergebnis deiner Arbeit dem Kosmos! Genieße, daß du eine Arbeit hast, die du voller Leidenschaft machst! Genieße darüber hinaus, bei Aldi günstig einkaufen zu können. Genieße dein Dach über dem Kopf. Genieße es, wenn du am Morgen ohne Schmerzen aufstehen kannst. Genieße die tausendundeins Dinge in der Natur, die du sehen, hören, schmecken, riechen, anfassen kannst. Das alles *gehört dir* in dem Moment, in dem du es genießt.

Wenn du das alles gerade nicht genießen kannst, spiel doch mal „Sterben." Wie das geht? Atme dreimal tief ein und aus. Beim vierten Mal atmest du aus, bis keine Luft mehr in der Lunge ist, zumindest keine mehr, die dir bewußt ist. Dann verharre ohne Atem, bis dir schwindlig wird, bist du glaubst, jeden Moment ohnmächtig zu werden. Dann erst atme wieder ein.

Keine Angst, das ist nicht gefährlich! Es ist im Gegenteil ein Gewinn, denn du genießt es vielleicht anschließend sogar, einfach nur atmen zu können. Etwas, das wir im Normalfall nicht mal beachten.

Du weißt doch, was „Person" bedeutet? Persona = Maske. Gott selbst ist untendrunter. Daß es dir bei absonderlichen Zeitgenossen schwerfällt, Gott untendrunter zu sehen, ist nur allzu verständlich! Aber es ist dennoch die Wahrheit. Und je mehr sie deine kleinen grauen Zellen durchdringt, desto weniger wird es dir überhaupt noch möglich sein, etwas anderes als Gott hinter der täuschenden Maske zu sehen. Sei ein wenig geduldig mit deinem Gehirn. Schließlich wurde es bislang geschult, Menschen als Menschen zu sehen und nicht als Masken, hinter denen sich Gott selbst verbirgt.

In den Kaffeebars gibt's seit geraumer Zeit diese Coffee-to-go-Angebote. Du kriegst einen Pappbecher mit heißem Cappuccino in die Hand, und dann gehst du weiter.

So sehe ich meinen Dienst. Du besuchst mich, ich schenke dir ein, und du gehst mit dem Getränk in der Hand weiter. Du „trinkst" meine Worte und Texte, genießt Schluck für Schluck, das Getränk verbindet sich auf metabolische Weise mit dir, und du wirst, was du trinkst, ohne dir darüber Gedanken zu machen.

Kaffee genießt man, man denkt nicht drüber nach. Ebenso ist es, wenn du mich besuchst. Wenn du kein konservatives Anliegen hast, sondern Agape-Coaching begehrst, erwarte am besten überhaupt nichts. Denn wenn ich dir nichts geben könnte, wäre es das Beste, was ich zu geben vermag!

Ich mag Scherze, doch hierbei scherze nicht! Nein, ganz und gar nicht. In meiner Präsenz passiert wirklich vor allem – nichts. Wenn du möchtest, daß etwas in deinem Leben passiert, findest du Dutzende, ja Hunderte von Coaching-Angeboten, die ein meßbares, überprüfbares Ergebnis anbieten. Damit kann ich nicht dienen.

Deine wahre Natur kommt und geht nicht, sie ist, was du wirklich bist, ob du das reali-

sierst oder nicht. Daher ist das, was man Selbstrealisation nennt, nichts, was hinzukommt, es
war schon vorher vorhanden, denn wäre es das
nicht, handelte es sich nicht um deine wahre
Natur, sondern um ein mystisches Gipfeler-
lebnis. Das kommt und geht. Selbstrealisation
wird immer folgendermaßen empfunden: „Ach
so, das also bin ich, war es denn jemals anders?" Und Kopfschütteln, daß man es „so
lange" zu übersehen vermochte.

Was dem Schein-Ich Energie verleiht ist nur
eins: der abwegige Glaube, „ich" sei real! Glaube kann zwar mitnichten Berge versetzen,
schon gar nicht ins Meer, vermag jedoch offenbar da einen Berg hinzusetzen, wo gar keiner ist.

Das Leben wird nicht etwa roboterhaft und
mechanisch durch die Gewißheit, daß kein
Ich existiert, es bleibt menschlich und wird
sogar menschlicher. Denn in einem von der
Ich-Illusion befreiten Organismus werden alle
unnützen, von der Zivilisation und der Kultur

künstlich aufgesetzten Verhaltensweisen in hohem Maße deaktiviert. Dies geschieht jedoch nicht von heute auf morgen.

Es ist ein Riesenunterschied zwischen dem, was ich die *Deaktivierung der Ich-Illusion* nenne, und dem, was viele traditionelle spirituelle Lehren als Ego-Tod oder Ego-Auflösung bezeichnen. Die Deaktivierung der Ich-Illusion hat mit Ego-Auflösung nicht das geringste zu tun. Die sogenannte Ego-Auflösung ist nur ein Trick des illusionären Ichs, um sich weiterhin mit einem anderen, oftmals sogar als spirituell bezeichneten Verhalten, kraftvoller als zuvor am Leben zu erhalten.

Was du wirklich bist, hat mit deiner Persönlichkeit und seiner Struktur nur insofern zu tun, als sie sichtbarer Ausdruck dessen ist, was nicht zu erscheinen vermag. Ein wenig zu vergleichen mit Elektrizität, die zwar Motoren und Maschinen in Gang hält und Glühbirnen zum Leuchten bringt, SELBST aber unsichtbar bleibt. Daß Energie vorhanden ist läßt sich zwar unschwer erkennen, sie SELBST jedoch erscheint nicht und wird nie erscheinen.

Die Ich-Illusion erscheint freilich, der Grund hierfür liegt jedoch allein in dem ungeprüften oder zu nachlässig überprüften *Glauben* an die reale Existenz eines Denkers, Entscheiders und Täters.

Ich empfehle allen spirituell Suchenden, die spirituelle Suche gänzlich darauf zu verlegen, den Denker, den Entscheider, den Täter zu finden. Suche, wenn du schon suchen mußt – zumindest was die spirituelle Ebene angeht –, nach nichts anderem mehr, damit unzweifelhaft klar wird, daß es dich als Denker, als Entscheider und Täter wirklich nicht gibt.

Sei dankbar, sagen dir die Mentaltrainer, anstatt deprimiert auf deine Mängel und Verluste zu schauen. Abgeguckt vom Apostel Paulus, der seinen Leuten schon vor knapp 2000 Jahren riet: „Seid dankbar allezeit für alles." Der erste Prediger positiven Denkens, sozusagen.

Du wirst aber nicht wirklich und von Herzen dankbar sein KÖNNEN, solange du mit den Normen lebst, an denen sich ein glückliches Leben MESSEN lassen muß.

Dankbarkeit ist dein natürlicher Zustand. Du kannst gar nicht undankbar sein, wenn die Normen fallen.

Du mußt wirklich nichts tun, keine einzige Regel befolgen, kein Konzept anwenden, nur endlich die überflüssige Gewohnheit aufgeben, dem Leben irgendeine Vorschrift hinsichtlich dessen zu machen, wie es zu sein hat.

Wenn du mir sagst: „Ich kann frei wählen", werde ich dir beweisen, daß du keinen freien Willen besitzt. Wenn du aber sagst, „alles ist determiniert", werde ich dir beweisen, daß du stets Wahlmöglichkeiten hast!

Die Ich-Illusion verbirgt und versteckt sich in beiden Lehren, um sich am Leben zu erhalten. Daher sind beide Lehren ebenso falsch wie richtig.

Lehre ist Kot, einzig die Wirklichkeit zählt. Und die Wirklichkeit hat mit einer Lehre so wenig zu tun wie eine Kuh mit dem Eierlegen.

Lehren oder Konzepte sind nur dann geeignet, wenn sie ein Dorn sind, um den Stachel des Leidens zu ziehen. Tun sie das aber nicht, sind sie nichts wert. Im Gegenteil: Die Ich-Illusion benutzt sie als Versteck, um nicht sterben zu müssen.

Einzig der Tod des Ich-Virus kann dich vom Leid befreien. Schmerz ist unvermeidbar, wenn sich ein herber Verlust einstellt, er ist dann sogar nötig, um den Verlust zu verarbeiten. Leid jedoch entsteht einzig, wenn das illusionäre Ich sich von einem Verlust betroffen fühlt und daraus eine „Leidensgeschichte" konstruiert, wobei es dringend deine ach so schreckliche Vergangenheit und natürlich eine Zukunftsprojektion braucht, die sich aus den (schrecklichen) Erfahrungen der Vergangenheit speist. Diese beiden Zutaten benötigt es, um seine giftige Suppe zu kochen, mit der es dich bzw. sich Tag für Tag bis zum Kotzen abfüllt.

Der Ich-Virus ist äußerst geschickt. Er nutzt Lüge und Selbstbetrug ebenso wie Wahrheit und Klarheit, um sich zu erhalten, dick und fett zu werden wie eine Made im Speck.

Lehre ist Kot! Dies sage übrigens nicht nur ich, das wirst du von jedem hören, den die Wirklichkeit ergriffen hat. Egal ob es alte oder Meister der Gegenwart sind, sie alle nutzen Lehre oder Konzepte ausschließlich deshalb, um zu befreien. Die Lehre selbst geht ihnen am Arsch vorbei.

Die Vorherbestimmungs**lehre** ist ebenso ein Versteck für die Ich-Illusion wie die der „Willensfreiheit." Hat sich die Vorherbestimmungslehre erst einmal eingenistet und es sich gemütlich gemacht, rechtfertigt die Ich-Illusion die Sklaverei, in der sie dich festhält, und redet dir ein, daß du armes Schwein ja nichts tun kannst, um sie ein für allemal loszuwerden. Glaubst du der Lehre über die Willensfreiheit, versklavt sie dich mit allen möglichen törichten Aktivitäten, die dazu dienen sollen, deine Wirklichkeit in eigener Regie gestalten zu können. Die gleiche Scheiße, anstatt in braun jetzt in grün!

Ich sehe den Fuchsschwanz, der aus der Höhle ragt, auch wenn sich die Ich-Illusion noch so genial hinter einer wie auch immer gearteten Lehre zu verstecken versucht. Und ich zieh ihn gnadenlos raus! Selbst dann, wenn dir das wehtut oder ich dich gar dabei verlieren sollte.

Vergiß jede Lehre, egal wie wahr sie ist, wenn du merkst, daß sie dich nicht vom Leiden befreit! Schlag jedem Lehrer den Kopf ab (freilich nur im Geiste), dessen Lehre nicht auf Befreiung von der Ich-Illusion zielt. Der Zen-Meister Lin Chi sagte einmal: „Wenn du dem *Buddha* begegnest, *töte den Buddha*. Wenn du dem Patriarchen begegnest, *töte* den Patriarchen."

Bei mir geht es allein um den Tod der Ich-Illusion. Hier hat jede Mittelanwendung, jede Lehre, jedes Konzept nur ein Ziel: dir den (klugen) Kopf abzuschlagen!

Jede Geburt, egal ob als Mensch, Tier oder Pflanze, ist Transformation, ist geheimnisvolle Verwandlung, Umwandlung von Nichtsein in Sein.

Wohin sollten wir denn gelangen? Wir sind doch bereits, was wir werden sollten! Daher basieren alle spirituellen Transformationstheorien auf der Blindheit und womöglich auch der Feigheit derer, die das, was Leben in all seinen Aspekten ist, nicht zu schätzen vermögen.

Ich höre vielstimmiges Vogelgezwitscher! Ich sehe eine Blume, sehe einen Baum. Die Sonne am wolkenlosen Himmel. Allein dies – welch ein Wunder! Welch ein Zauber! Und hier ist ein Lebewesen, das all dies wahrzunehmen vermag. Es atmet, ohne daß es sich darum bemüht. Sein Herz schlägt, pumpt Blut durch die Adern, versorgt den Organismus, der ebenso wunderbar ist.

Ich existiere – das allein zählt! Ich nehme wahr. Ich kann schmecken, riechen, sehen, hören. Wieviele komplexe Vorgänge sind nötig, damit ich existiere, damit ich wahrnehmen kann.

Wozu sollte ich transformiert werden? In was hinein denn? Von woher nach wohin? Verdammt noch eins, ich *wurde* doch bereits umgewandelt! Ich war nicht und bin! Bin jetzt hier und staune! Und des Nachts, wenn der Organismus nach der Traumphase in den sogenannten Tiefschlaf fällt, bin ich nicht. Kein Unter-

schied zum sogenannten Tod. Außer daß der
Organismus dann nicht mehr erwacht. Es gibt
keinen Tod. Nur Nichtsein, das scheinbar sein
kann, was es nicht ist.

Das mit dem Sein begann nie und hört daher
nie auf. Was nicht beginnt, ist in Wahrheit gar
nicht vorhanden. Es ist nur ein Traum, ein Märchen, eine gelungene Party in dem, was nicht
ist und niemals sein kann, außer zum Schein.

Daß sich in der Form nach der Formlosigkeit
gesehnt wird, hat weder etwas mit Todessehn-
sucht noch mit spiritueller Suche nach Erleuchtung oder Transformation zu tun. Denn
in der Form geht die Formlosigkeit natürlicher-
weise verloren, und dieser Verlust vermag in
der Form durch nichts, durch keine noch so
imposante emotionale, religiöse oder spirituelle Erfahrung ersetzt werden. Das ist der Preis,
den die Sichtbarmachung dessen kostet, was
unsichtbar und ungreifbar bleibt.

Dir dessen bewußt, endet das schmerzliche
Sehnen, weil nun bewußt ist, daß nichts in der

Zeit, im Raum und der Form es zu erfüllen vermag. Was davon übrigbleibt, ist die Klarheit deiner Unsterblichkeit, die temporär Sterblichkeit anzog, um dem ewigen Nichts, das du in Wahrheit bist, sozusagen ein Schnippchen zu schlagen.

Als du geboren wurdest, begannst du schon zu sterben. Denn mit jedem Tag, jeder Stunde näherst du dich dem Nichts, das du bist und dem du nur für ein verhältnismäßig kurzes Leben in einem illusorischen Körper in einer illusorischen Welt zu entrinnen vermagst. Der nächtliche Schlaf ist die Pause, welche die Form dringend benötigt, um sich in der Tiefe dessen, was ihr unbewußt ist und in Wahrheit Heimat, zu regenerieren.

Die Welt ist schön und gleichzeitig schrecklich, und sie ist nicht deine Heimat, nicht der Mutterboden, der sie nährt und ihr temporär Ausdruck, Wachstum und Entwicklung verleiht.

Schau dir Tiere an, den Hund und die Katze, aber auch das Pferd, die Kuh und das Lamm, also deine wahren Brüder und Schwestern, und lerne von ihnen und ihrer Lebensart, anstatt von jenen entarteten Menschentieren, die in heiligen Gewändern und mit strahlend glückseligen oder todernsten Gesichtern erscheinen und meinen, sich über das Tier erheben zu können, beeindruckt zu sein. Das Tier, in dessen Antlitz du zugleich Unschuld und Melancholie wahrnehmen wirst, befindet sich in seinem natürlichen Zustand, und deshalb ist ihm Heuchelei fremd.

Die Welt ist nur real in dem Sinne, als sie im Gewahrsein auftaucht. Die Person, die Identifikation mit der Person, die müden Glieder, das warme Bett, der Furz, der ihr möglichweise entweicht, das Nachtkästchen, der Schrank, die Wände, das Bild mit dem röhrenden Hirsch und den Allgäuer Alpen im Hintergrund an einer der Wände, das Geräusch eines vorbeifahrenden Treckers, der lähmende Gedanke ans verdammte Aufstehen oder der motivierende Impuls, den Tag mit einem jubelnden *Danke,*

ich existiere zu begrüßen. Gewahrsein selbst kennt keine Bewegung, nur *in ihm* scheint es Bewegung zu geben. Gewahrsein kennt keine Örtlichkeit, keine Zeit, in der aufgewacht, eingeschlafen, geboren oder gestorben wird.

Erwachen am Morgen ist ein Ereignis, das im Gewahrsein erscheint. Es gehört zum Spiel Existenz. Nichts weiter. Es ändert nichts am Gewahrsein selbst.

Das bedeutet: Wenn du dich schließlich schlaftrunken oder jubelnd erhebst, gilt dies nicht für Gewahrsein. Und wenn du im Auto oder in der Straßenbahn sitzt und an den Ort fährst, an dem du wieder der Visage deines stets grantigen Chefs oder dem tiefen, reizvollen Ausschnitt deiner attraktiven Sekretärin begegnest, hat sich im Gewahrsein lediglich ein örtlicher und zeitlicher Wechsel vollzogen, der mit Abneigung oder Anziehung einhergeht. Das Gewahrsein selbst hat sich jedoch nicht um ein Jota verändert.

Überprüfe es, glaube mir bitte kein Wort! Indem du die Fragen stellst: Verändert sich das, was wahrnimmt? Hat es sich jemals verändert?

★ ★ ★

Niemand da, auch dort nicht, wo die Figuren im Spiel Existenz sich in Massen tummeln. Beispielsweise in München, in Köln, Hamburg, New York, Bangkok oder Mexiko-Stadt mit 20 Millionen Einwohnern.

20 Millionen Körper, die zum größten Teil aus Leere bestehen, weil die Atome[***], aus denen Körper zusammengesetzt sind, weitestgehend leer sind. Es sieht nur so aus, als wären sie voll. Ein Menschenknäuel. Stimmengewirr. Und dieser typische Gestank, die Ausdünstung schwitzender Menschenleiber.

Grenouille, der morbide Held aus Süskinds Roman *Das Parfüm* atmet auf, als er weitab von Paris und anderen Ortschaften keine Menschenausdünstung mehr schnuppert. Nicht einmal sich selbst kann er riechen, was er erst dort bemerkt und darüber sehr erschrickt.

[***] Der Atomkern befindet sich, anschaulich gesprochen, im Zentrum des Atoms; sein Durchmesser beträgt etwa 1/10.000 bis 1/100.000 des Durchmessers der Elektronenhülle, konzentriert aber in sich mehr als 99,9 % der Masse des gesamten Atoms. (Wikipedia)

Dies ist eine grandiose Metapher für die Entdeckung, die jeder spirituell Suchende irgendwann macht. Du willst Gott finden und findest nur dich. Und wenn du anschließend nach dir selbst suchst, findest du niemanden. Nur Leere. Nichts. Keine Identität.

Und du erschrickst darüber wie Grenouille erschrak: „Mein Gott, ich kann so gut riechen, über kilometerweite Distanzen vermag ich feinste Geruchsnuancen wahrzunehmen, nur mich selbst, mich selbst riech ich nicht!"

Egal welch grandiose Fähigkeiten einer hat: auf der Suche nach Gott oder sich selbst versagen wir alle. So viele Religionen und Philosophien wurden erfunden, aber es sind quer Beet Phantastereien. Weil niemand da ist. Gott muß man erfinden, und was dabei rauskommt, sehen wir allenthalben. Absonderliche, rigide Figuren wie Joseph Ratzinger. Oder Khamenei.

Niemand da. Das ist DAS Synonym für Erlösung, Befreiung, Erleuchtung, Erwachen. Es ist das Ende spiritueller Suche. Die Spitze aller Erkenntnis.

Niemand da.

Das ist die Quelle. Das und nicht irgendein Gott, der uns nach seinem Bilde schuf. Der uns vorschreibt, wie wir uns zu verhalten haben. Der Sex Bäh findet, obgleich gerade Sex als eine der stärksten Motivatoren im Organismus angelegt ist. Dieser Gott ist (Gott sei Dank) reine Erfindung. Aber wie viele Milliarden menschlicher Gehirne sind auf diesen Schwachsinn programmiert?

Allein wie viele Moslems weltweit, die sich täglich drei oder fünf Mal pro Tag voller Ehrfurcht oder zumindest Pflichtgefühl niederwerfen, auf die Knie gehen – vor niemandem.

Niemand da. In diesem Kontext macht selbst der Begriff Quelle keinen Sinn mehr. Wie stellen wir uns eine Quelle vor? Wasser, das überfließt, nicht wahr? Welche Assoziation verbindet sich aber mit dem Begriff niemand? Hm? Was siehst du? Nichts, oder?

Deswegen erschrak Grenouille. Ich kann mich selbst nicht riechen! Bin ich überhaupt da? Bin ich oder bin ich nicht?

Ich kann dich beruhigen. Du bist und bist nicht!

★ ★ ★

Ich schau mir ein (in meiner Wahrnehmung) wunderschönes Bild an und denke dabei nicht: „Ach, so möchte ich auch malen können!" Wozu? Im besten Fall entsteht der Wunsch, das Bild an einer Wand in meiner Wohnung hängen zu haben. Wozu sollte ich es denn malen können, wenn es ein anderer schon so gut kann?

Wenn ich in den Urgrund hineinsehen, darüber sprechen und ihn beschreiben kann, genieß es doch einfach, und hör auf, dir zu wünschen, ebenso klar sehen zu können! Vielleicht wirst du es niemals können. Na und? Hauptsache ist doch, du kannst es genießen!

Kannst du wie ein Vogel singen oder fliegen? Nein? Bist du deshalb neidisch auf ihn? Oder genießt du nicht vielmehr das Vogelkonzert und den kunstvollen Flug der Schwalben vor ihrer Reise in den fernen Süden?

Wie sehr du dich auch darum bemühen würdest: Wie eine Amsel wirst du nie singen und wie eine Schwalbe wirst du nie fliegen können, dann dazu müßtest du ein Vogel sein. Daher wäre mein Vorschlag, dich ebenso wenig ums Erwachen zu bemühen, wie du dich nicht ums Zwitschern und Fliegen bemühst. Erstens deshalb, weil's wirklich kein Erwachen gibt. Du kannst nur, während geträumt wird, realisieren, daß tatsächlich geträumt wird. Zweitens, weil ich bereits klar und deutlich zu erkennen vermag, daß die Welt nicht mehr als vergänglicher Traum ist. Und ich tauche mit dieser Klarsicht in deiner Wahrnehmung auf und lade dich ein, sie mit mir zu genießen. Womöglich täglich in meinen Texten. Wenn sich dabei klares Sehen einstellen sollte, kannst du es gar nicht vermeiden. Und wenn es dir verwehrt bleiben sollte, wird keine Bemühung je dazu führen.

Worauf ich verweise, ist nichts, das im Kopf wäre. Es ist noch nicht mal im Herzen. Unbedingte Liebe ist jenseits all dessen. Und doch ist sie hier. Sie ist sozusagen überall und nirgends. Aus allen Erscheinungen zwinkert und winkt sie dir zu. Erinnert dich an sich und damit an das, was du wirklich bist.

Ich kann gut nachvollziehen, daß die Natur – Bäume, Wiesen, Blumen, Rehe, Hasen, die

Feldmaus, ein Vogelkonzert – die Liebe hinter allen Erscheinungen sozusagen „lebendiger" erscheinen läßt als irgendein Mensch, der am Bahnhof genervt auf seine Armbanduhr blickt und dabei leise flucht, weil sein Zug zu spät kommt. Aber es ist eben nicht nur ihre Anwesenheit, es ist auch ihre Abwesenheit, die auf sie verweist. Der gestreßte Mann dort am Bahnhof, der über und über tätowierte Kriminelle in seiner Grobschlächtigkeit, der ideologisch motivierte Mörder in Toulouse, der auf unschuldige Menschen schießt, weil er meint, Vergeltung und Rache üben zu müssen, sie alle lassen ihn, den Geliebten, ebenso aufleuchten. „Schau mal her, so seh ich aus, und so wirke ich, wenn ich mich (von) mir abgewandt habe. Wenn ich selbst-vergessen bin."

Unbedingte Liebe in ihrer Abwesenheit erinnert dich ebenso an sich selbst wie das Reh mit seinem Unschuldsblick. Oder der Hund, der dir vor Freude winselnd Hände und Gesicht leckt, um dir seine Zuneigung zu zeigen. Da ist er anwesend. In dem Mörder von Toulouse abwesend. Wobei man auch sagen könnte: Im Reh und Hund ist er offensichtlich und im Terrorist reichlich verborgen! Alles jedoch verweist nur auf ihn. Verweist auf sich selbst und damit auf dich selbst in deiner Essenz.

Ich sehe Gleichgewicht. Balance. In dem, was als Gut und Böse erscheint. Es ist der Geliebte. Immer. In jedem Fall.

Schau genauer hin. Dann blickst du „durch". Nur vordergründig landest du im Morast und versinkst darin. Insbesondere dann, wenn du strampelst. „Wo bin ich nur gelandet? Was für ein beschissener Planet? Was hab ich nur verbrochen, um gerade hierhin strafversetzt zu werden?"

Wenn man die Welt so sieht, kommt man freilich auf die Idee, daß mensch (und tier) erlöst werden muß. Und erfindet allerlei Retter. Oder Buddhas, die uns zur Erleuchtung führen. Oder Meister, die uns aus dem Zustand der Knechtschaft und Sklaverei in die absolute Freiheit führen.

Natürlich gehören die auch zum Spiel, aber sie haben keine andere Bedeutung als Charles Manson, Jack the Ripper oder Joseph Stalin.

Weil *jede Figur* auf unbedingte Liebe verweist! Ohne dies klar zu sehen, bleibt die Welt ein Rätsel. Egal wie intelligent oder faszinierend die jeweilige Erlösungslehre erscheint.

Ich erblicke den Papst und lande gleich, sofort, blitzschnell beim Geliebten! Und weißt du warum? Weil ich seinen Anblick kaum ertrage! ☺ Schau ich ein Reh an, kann ich in dessen braunen Augen verweilen und bin nicht zwingend auf die unbedingte Liebe geworfen. Beim Papst jedoch ist mir das gänzlich unmöglich. Insofern bin ich durch seine Erscheinung weitaus schneller im Hochgenuß der Essenz allen Seins als beim Unschuldsblick eines Rehs oder dem freudigen Wiedersehensgewinsel eines Hundes.

Überall und in allem verbirgt sich unbedingte Liebe. Selbst in einem Streit, der dir plötzlich absolut sinnlos erscheint und dich ebenso spontan an den Geliebten[****] erinnert.

[****] Sollte die Frage entstehen, was der Unterschied ist zwischen unbedingter Liebe und dem Geliebten, muß ich dir die Antwort schuldig bleiben. Suche nicht – sei, und es wird keiner Antwort mehr bedürfen.

Mal sehen wo er sich heute wieder versteckt! Laß dich nicht dazu verführen, die Dinge nur auf ihr äußeres Aussehen und ihre weltliche Bedeutung zu beschränken. Innendrin, essentiell, ist absolute jede Erscheinung unbedingte Liebe, die ihr faszinierendes Spiel mit sich selbst spielt.

Was für ein faszinierender neuer Tag!

Über den Autor

Werner Ablass war viele Jahre im Management bekannter Markenartikelunternehmen tätig. Seit 1994 arbeitet er als selbständiger Managementtrainer. Nach der Publikation seines Erstlingswerks „Leide nicht – liebe" ist sein Schwerpunkt Coaching für all jene Leser, die sich für die Umsetzung des Agape-Konzepts interessieren. Interessierte haben die Möglichkeit sich auf seiner Website ausführlich über sein Angebot zu informieren und Kontakt zu ihm aufzunehmen.

www.agape-coaching.de

Über dein Feedback freut sich der Autor.

info@wernerablass.de

Werner Ablass

Leide nicht - liebe

Über die Liebe zur Liebe ohne Objekt

202 S., gebunden, € 10,80 [D]
ISBN 978-3-930243-30-3

Auch als Hörbuch auf 2 CDs, 136 Min.
€ 16,20 [D]
ISBN 978-3-930243-40-2

Alles im Kosmos basiert auf Schwingung und Resonanz. Wer leidet, befindet sich auf einer tiefen Schwingungsebene und zieht dementsprechend negative Lebensumstände an. Wer liebt, schwingt auf der höchstmöglichen Schwingungsebene und wird dadurch automatisch zum Magneten für Harmonie, Glück und Erfolg.

Dieses Buch zeigt, wie man trotz aller Widrigkeiten im Alltag in die Schwingung von Agape gelangt – einer Liebe, bei der das Objekt völlig zweitrangig ist. Das heißt: Es geht nicht darum, WAS man liebt, sondern darum, DASS man liebt – weil es einem dabei soooo gut geht!

„Lerne die Liebe zu lieben - und du wirst auf eine Goldader stoßen!"

Zu beziehen in jeder guten Buchhandlung

Omega®-Verlag

G. Bongart & M. Meier (GbR)

Karlstraße 32
tel. 0241–16 81 630
e-mail: info@omega-verlag.de

D-52080 Aachen
fax 0241–16 81 633
http://www.omega-verlag.de

Fordern Sie auch unser kostenloses Verlagsverzeichnis an!

Werner Ablass

Liebe ist die Lösung

230 S., gebunden, € 11,80 [D]

ISBN 978-3-930243-32-7

Leide nicht – liebe macht deutlich, daß und woran wir eigentlich leiden, wenn wir nicht glücklich sind, und bietet die heilende Schwingungsmedizin dafür.

Liebe ist die Lösung erhöht die „Potenz" dieser Schwingungsmedizin, die äußere und innere Widerstände auflöst, indem WIR uns von ihnen lösen.

Wer sich darin übt, alles zu lieben, für den löst sich so manches Problem wie von allein – entweder im Außen oder in ihm selbst. Meistens sind nicht die unliebsamen Situationen, Umstände und Menschen das eigentliche Problem, sondern die Art, wie wir sie betrachten und mit ihnen umgehen. Werner Ablass zeigt uns einen Weg, besser mit alltäglichen und außergewöhnlichen Widerständen umzugehen: Indem wir uns darin trainieren, negative Emotionen und Lebensumstände liebend zu akzeptieren, lösen wir uns aus unserer Verhaftung und gewinnen so eine neue Perspektive: die des liebenden Beobachters, der unser wahres Selbst ist.

Zu beziehen in jeder guten Buchhandlung

Omega®*-Verlag* G. Bongart & M. Meier (GbR)

Karlstraße 32
tel. 0241–16 81 630
e-mail: info@omega-verlag.de

D-52080 Aachen
fax 0241–16 81 633
http://www.omega-verlag.de

Fordern Sie auch unser kostenloses Verlagsverzeichnis an!

Werner Ablass

Gar nichts tun und alles erreichen

Entdecke deine wahre Natur

272 S., gebunden, € 14,– [D]

ISBN 978-3-930243-36-5

Selbst wenn Wünsche wahr werden, dauert es meist nicht lange, bis neue erwachen. Weil wir unser Glück jedoch in der Regel von der Erfüllung von Wünschen abhängig machen, sind wir nie zufrieden mit dem, was ist.

Werner Ablass macht in diesem Buch deutlich, daß wir unser Lebensglück, getäuscht durch illusorische Vorstellungen, dort suchen, wo wir es niemals dauerhaft finden und somit selbst verhindern. Mit seinem Konzept zur „Desillusionierung" und neuen Übungen, um objektlos zu lieben, bietet sich die Chance, unsere wahre spirituelle Natur zu entdecken. Nach der Entdeckung entsteht spontan die Erkenntnis, daß tatsächlich alles Wesentliche erreicht ist und daß alles, so wie es jeweils ist, perfekt ist. Dann erübrigt sich selbst die empfohlene Übung. Denn das Leben wird zu einem harmonischen Fließen. Wünsche erfüllen sich wie nebenbei ohne Jagdfieber und erheblichen Aufwand. Negative Emotionen und Konflikte lösen sich ohne direktes Eingreifen auf. Statt dessen wird auch in problematischen Situationen tiefer Frieden empfunden.

Zu beziehen in jeder guten Buchhandlung

Omega®-Verlag   G. Bongart & M. Meier (GbR)

Karlstraße 32
tel. 0241–16 81 630
e-mail: info@omega-verlag.de

D-52080 Aachen
fax 0241–16 81 633
http://www.omega-verlag.de

Fordern Sie auch unser kostenloses Verlagsverzeichnis an!

Werner Ablass

Entzaubert siehst du nur Liebe

Nichts ist so wie es zu sein scheint

200 S., gebunden, € 11,50 [D]

ISBN 978-3-930243-45-7

Für Werner Ablass ist Liebe nicht nur die stärkste, sondern die einzige Kraft im Universum. Sie ist in allem, was existiert – im Guten ebenso wie im Bösen, im Schönen ebenso wie im Häßlichen. Sie ist das Eine, das sich Zweiheit, unsere Welt der Gegensätze, „gezaubert" hat, um sich darin selbst zu erfahren und zu begegnen. Somit ist alles, was wir wahrnehmen, nur ein Zauber, nicht die Realität. Wer diesen Zauber durchschaut und dabei „entzaubert" wird, begreift, daß alles, was geschieht, aus Liebe geschieht, selbst wenn es wie ihr Gegenteil erscheint. Denn nur sie existiert wirklich. Eine völlig neue Sichtweise eröffnet sich, die dem Hadern mit sich und der Welt ein Ende bereitet und durch die Gewißheit ersetzt, endlich „angekommen" zu sein.

Zu beziehen in jeder guten Buchhandlung

Omega®-Verlag   **G. Bongart & M. Meier (GbR)**

Karlstraße 32
tel. 0241–16 81 630
e-mail: info@omega-verlag.de

D-52080 Aachen
fax 0241–16 81 633
http://www.omega-verlag.de

Fordern Sie auch unser kostenloses Verlagsverzeichnis an!

Werner Ablass

Abschied vom Ich

und wie leicht es sich ichlos lebt

272 S., gebunden, € 17,80 [D]

ISBN 978-3-930243-49-5

Nicht nur die Weisen aller Zeitalter wußten, daß das Ich nichts weiter als Einbildung ist. Auch die Ergebnisse der modernen Hirnforschung sagen nichts anderes.

Der Autor erlebte seinen Abschied vom eingebildeten Ich allerdings nicht aufgrund wissenschaftlicher Erkenntnis. Es kam ihm 2004 in Bombay abhanden, nachdem er die von dem indischen Advaita-Meister Ramesh Balsekar empfohlene Selbstuntersuchung vorgenommen und dabei festgestellt hatte, daß es zwar Gedanken, Entscheidungen und Taten gibt, jedoch keinen individuellen Denker, Entscheider und Täter. Zuvor hatte er etwa 40 Jahre auf diversen spirituellen Wegen nach der Wahrheit und nach Erleuchtung gesucht.

In seiner unnachahmlichen Art komplexe Zusammenhänge so einfach darzustellen, daß es selbst dem spirituellen Lehren fernstehenden Leser einleuchtet, beschreibt er, wie sich das Erleben auf allen relevanten Lebensfeldern zum Vorteil verändert.

Zu beziehen in jeder guten Buchhandlung

Omega®-Verlag   **G. Bongart & M. Meier (GbR)**

Karlstraße 32
tel. 0241–16 81 630
e-mail: info@omega-verlag.de

D-52080 Aachen
fax 0241–16 81 633
http://www.omega-verlag.de

Fordern Sie auch unser kostenloses Verlagsverzeichnis an!